和学塾

美しい日本女性の生き方

中島よしゑ

太陽出版

はじめに

私は十代から二十代にかけての十年間を京都の花柳界《かりゅうかい》で過ごしました。日本の伝統文化を重んじ、四季折々の美しさに触れながら、規律正しく過ごした日々。そこで受けたさまざまな教えは、今の私にとって何物にも代えがたい大きな財産になっています。

そんな経験から学んだことをひとりでも多くの方にお伝えし、日本人らしく美しく、よりよく生きることに役立てていただきたい。

この思いから、二〇〇五年に「和の心」を学んでいただく『和学塾』を開講いたしました。以来、興味を持ってくださる方がとても多いことを日々幸せに感じております。当初これは昨今の「和ブーム」の影響によるものと思っておりました。けれど、たくさんの生徒さんと接するにつれ、

「人間の心とは本来、自分が生まれ育った国で長く愛され、受け継がれてきたものを強く求めるものなのだ」

と確信するようになりました。日本で長く愛され、受け継がれてきたものには、日本人ならではの高い精神性に支えられた美意識があふれています。それを知り、体現しようと努めることによって、本来の日本人がもっていた「本物

の美しさ」に近づける。私はそう信じています。

情報をはじめ、必要なものは簡単に手に入る時代となりました。合理性、利便性を追求し、一分でも一秒でも早いものが勝ち。そんな世の中にあっても、「知恵」や「本物の美しさ」は素早く合理的に手に入るものではありません。

でも決して焦らないでほしいのです。

一度、自分の身体に溶け込んだものは、生涯、身体が忘れることはありません。ゆっくりと身につけた「知恵」や「本物の美しさ」は、ブランド品や宝石などとは比べ物にならないほど価値のある、人生の財産になるのですから……。

本書は、私が京都へ行き、舞妓、芸妓として学んださまざまな経験をもとに、日本人として、女性として、もっと知ってほしいこと、学んでほしいことをお話しさせていただきました。また、実生活にいかせる〝日本人としてより美しく生きる〟ためのさまざまなアドバイスもご紹介させていただきました。

本書を手にした女性が、いつまでも「本物の美しさ」を求める気持ちを忘れず、昨日より今日、今日より明日……と少しずつ、でも着実に自分に磨きをかけていっていただければ、大変嬉しく思います。

中島よしゑ

目次

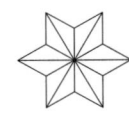

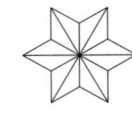

第二章

第三章

第四章　日本人らしく、美しく生きるために……一六一

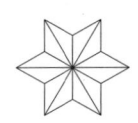

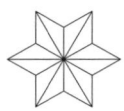

プロローグ

京都への旅立ち

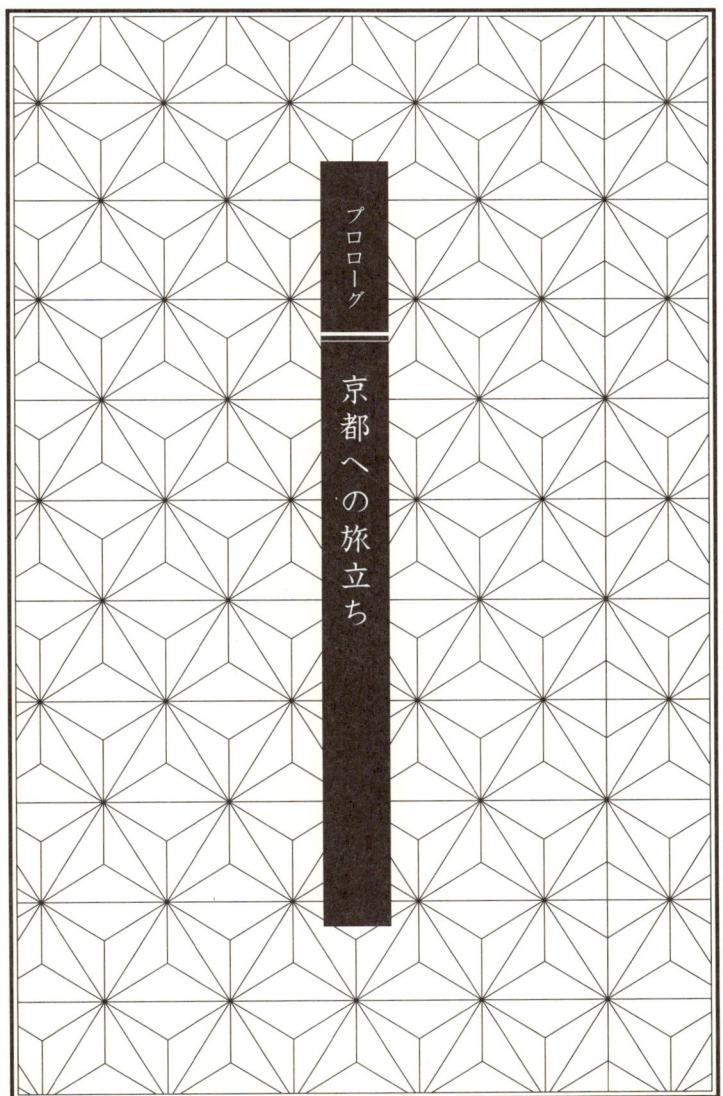

一九八八年六月。

私はひとり、京都駅に降り立ちました。

手には小さなボストンバッグひとつ。

今日からここで、これまでの私からは想像もつかない、新しい人生がはじまるのです。


ほんの三時間ほど前、生まれ育った東京をあとにした私。

新幹線のホームには高校のクラスメイトたちが集まり、私を涙で見送ってくれました。

「京都に行ったら、少なくとも三年は東京に帰れない」

そう聞かされていたにもかかわらず、私に涙はありませんでした。

祇園の舞妓の晴れ舞台「**都をどり**」に感激し、舞妓になることを心に決めた春から一年余り。受け入れ先となる「**置屋**《おきや》」探しや周囲の説得、その他の準備に手間取り、ようやくこの日を迎えられたのです。

家族や友達と離れる寂しさよりも、京都で待っている華やかな未来への期待と喜びのほうがずっと大きかったような気がします。

……しかし、そんな華やかさだけの世界ではないことを、すぐに思い知らさ

❖都をどり
東京への遷都により活気を失いかけていた京都を再び活性化させるため、官民一体となって明治5年（1872）に「京都博覧会」を開催。その目玉企画だった「都をどり」はとくに好評を博し、毎年開催されることに。現在も4月1日からの1ヵ月間、祇園甲部歌舞練場の舞台にて公演されている。芸舞妓によって舞われる雅な京舞（井上流）は、京都の春の風物詩となっている。

❖置屋（おきや）
置屋とは芸舞妓を抱える店のこと。舞妓を経て、芸妓になるための修行期間をここで家族のように過ごす。芸能界でいう、プロダクション。雇い主のことをお母さんと呼ぶ。

れることになるのですが。

私は東京の、一般的な会社員の家に生まれました。少し変わった点があるとすれば、同居していた母方の祖母が家で日本舞踊を教えていたことくらいでしょうか。

とはいえ、私は祖母の再三の誘いにもそっぽを向き、兄や弟と一緒になって外を駆け回っているような女の子でした。


私が十歳のとき、祖母が他界しました。

私に「一度でいいから、舞台に立ってほしい」との遺言を残して。

自分がやらなかっただけに、私に「やれ」とは言えなかった母も祖母の遺言となれば話は別です。早速、名取である母の姉のもとに送り込まれました。

亡くなった祖母や母の気持ちを考えると「いや」とは言えないものの、正直、日本舞踊のお稽古は楽しいものではありませんでした。

日舞独特のゆったりとした動きをまねながら、心の中では「なんで、こんなにまどろっこしいんだろう」なんて思っていました。

今にして思えば、そんな私を指導してくれた叔母は、どれほど根気のいったことでしょう。

それでも、なんとか一年後の十二歳の頃には三越劇場の舞台に立ち、祖母との約束を果たすことができました。

けれど不思議なことに、その発表会の記憶が私の中からすっぽりと抜け落ちているのです。覚えているのは、とにかく緊張していたことだけ。だれに白粉《おしろい》をしてもらったかも、どんなふうに踊ったのかもまるで覚えていないのです。

男兄弟にはさまれていたせいで、やんちゃな面もありましたが、本来、引っ込み思案で人見知りな私。人前で、しかもたったひとりで舞台に立ち、踊るなどということは想像以上に負担が大きかったのだと思います。

ひどい話が、どの曲を踊ったのかすら長いこと記憶の中にありませんでしたから。

それがわかったのが、舞妓になって数年経ってからのこと。

久しぶりに実家へ戻り、母と部屋の片づけをしていたときに、初舞台の写真が出てきたのです。

幼い私が**『祇園小唄』**を踊っていました。

お座敷でもよく舞う、舞妓の定番中の定番ともいうべき曲。京都の名所、

❖祇園小唄
長田幹彦（1876〜1961）作詞の「祇園小唄」は、舞妓がお座敷で舞う定番の曲。歴史は意外と新しく、昭和5年（1930）の映画「祇園小唄絵日傘」の主題歌だった。昭和のヒット曲としても知られる。2002年11月23日に初めて「祇園小唄祭」が歌碑（1961年建立）の立つ円山公園で行われた。

❖円山公園
京都一の花見の名所として有名。象徴となっているのが「祇園枝垂桜」。敷地約10万平方メートルを誇る回遊式庭園には、有名な料亭がいくつもある。花見の季節には大変な賑わいとなる。

円山公園《まるやま》の枝垂桜のすぐそばにはその歌碑が建っているほどの有名な曲です。

不思議な縁を感じました。

私がはじめて人前で踊った曲が『祇園小唄』。舞妓になることがそのときから決まっていたことのように思えました。

しかし、初舞台を終えた当時の私は、まだまだ遊びたい盛りの子供です。日本舞踊への情熱を燃やすわけもなく、中学に入ると同時にお稽古もやめてしまいました。

それがどうしたわけでしょう。高校に入学すると、興味をひくクラブがなかったということもあり、ふたたび叔母のもとにお稽古に通うようになったのです。

さらには、本格的にお稽古をするために、古典を主流に教えていらっしゃるお師匠さんのご指導を受けることにもなりました。週に二回、放課後一時間以上かけて師匠の住む六本木へ、通う日々が続きました。

お稽古が終わるのは夜八時過ぎ。いい気分のサラリーマンや外国人でごった返す街をセーラー服でちょっとビクビクしながら歩いていましたが、そんなことも苦にならないくらい、そのときの私は日本舞踊が好きになっていたのです。

師匠は戦争を経験している人特有の厳しさをもった人でした。

とにかく、怠けることが大嫌い。お稽古中に、少しでも「面倒くさい」と思っているような雰囲気が伝わると、容赦なくお叱りの言葉が飛んできました。

「何でも吸収できる若い時期に、身を惜しむとは何事か！」

ということです。

「ちょっとでも時間があれば、肩を動かす体操をするといい」

とも言われていました。

目線だけを四十五度下に向け、肩を片方だけ下げる日本舞踊独特の動きは、日々訓練していないとなめらかに美しくはできないものです。左肩を下げると、どうしても一緒に右肩が上がってしまったり、首が動いてしまったり。人それぞれに身体の動きのクセがあり、きちんと舞うためには地道に矯正していくしかありません。また、しなやかな手の動きも日々の鍛錬を必要とするものでした。

「お風呂につかりながら、お湯の中で手先を動かす練習をするといいわよ」

という言葉からは、当時すでに六十代だった師匠自身が日々そうされていたのだなということがわかります。

もっとも、その言葉の重さを当時の私はわかっていませんでしたが、師匠の言葉通り、暇を見つけてはそんな体操を続けていました。

当時の私は、何かひとつ「私はこれ!」と思えるものがほしいと、もがいていたように思います。

性格的にも地味で、将来これといってなりたいものもない。

「短大でも出て、普通に就職するのかしら?」と思ったりもしましたが、それもなんだかピンとこない。

「私はこれからどうなっちゃうんだろう?」という漠然とした不安がいつもつきまとっていました。

そんなとき、師匠から言われたのが、

「日本舞踊をいかした仕事をすればいいじゃないの」

という言葉。

目の前がパッと明るくなったような気がしました。今の私が胸を張って「好きだ」と言えるただひとつのこと。それを仕事にすることができたら……。

「名取になって生徒さんをとるのもいいけれど、あなたの年だったら花柳界にも出られるわよ」

師匠としては、軽い世間話程度の気持ちだったのでしょう。
「花柳界」という言葉が私の心にはじめて刻まれた瞬間でした。

◆

花柳界。

芸者になるということ。

当時の私の中では、どこか暗いイメージがつきまとうものでした。まったくの時代錯誤ですが「家のために売られていく」、そんなイメージがあったのです。恐る恐るそんなことを話してみると、師匠は高らかに笑って、私に一冊の本を手渡してくれました。

現在も世界中で翻訳され愛されている、**中村喜春**さんの『江戸っ子芸者一代記』。銀座の医者の家に生まれたにもかかわらず、芸事好きが高じ、芸者になった人です。

夜はお座敷、昼は英語学校に通い、「英語のできる芸者」として戦前から活躍。日本の運命を左右する大事な時代に「陰の外交官」とも呼ばれていた喜春さんの痛快な人生語り。

❖芸者
関東では、芸妓ではなく、芸者という。また一人前の芸妓（芸者）になるための修行期間を、京都では舞妓、関東では半玉と言う。半玉の語源は、玉代（お座敷の料金）が半額、ということからきている。

❖中村喜春
大正２年（１９１３）東京・銀座に生まれる。16歳で新橋芸者となり、「英語の話せる芸者」としてその名をはせた。42歳で引退。のちに渡米し、日本文化について大学で講義を行うなど、さまざまな方面で、正しい日本文化を伝え続けた。平成16年（２００４）にニューヨークにて死去。享年90歳。

花柳界を自身の裁量と機転で、明るく生き抜いていく姿にあっという間に引き込まれました。

「花柳界ってこんなにも楽しく働ける世界なんだ」

本を読み終えたあと、花柳界に対する印象はそれまでとはまるで違ったものになっていました。


そして高校二年の春。

「花柳界がどんなところか見てみたい」と言う私の言葉に、師匠が紹介してくれた京都・祇園を叔母とふたりで訪れることになりました。

京都はそれまでにも修学旅行などで訪れたことはありましたが、祇園ははじめて。白川沿いに桜が美しく咲き誇る祇園は、街全体が独特の空気感に包まれていました。

そして何よりも私の心をとらえたのは、祇園の舞妓が一同に舞い踊る「都をどり」の美しさでした。そのあでやかさ、優美さ、色彩の美しさはこれまでの人生で体験したことのないような衝撃を私に与えました。東京を発つときは〝ちょっと見学〟のつもりだったのが、見終えたときにはすっかり、

「舞妓になりたい！　私もあの舞台に立ちたい！」

という思いに変わっていました。しかし師匠の知り合いの、祇園甲部組合の組合長をされているお姐さんから出たのは、

「自由もない厳しい世界やし、すすめることはできひん。絶対やめときよし」

という言葉。思いもよらなかった厳しい言葉に、さっきまでの祇園への憧れと期待でパンパンに膨らんでいた胸はあっという間にぺしゃんこになりました。

がっくりとうなだれながら、叔母と夕食をとり、ホテルの部屋でひとり考えること三時間。私の中に、ある思いがふつふつとわきあがってきました。

「負けたくない！」

なぜだか、その思いでいっぱいになってしまったのです。

舞妓になることは当然、親は反対でした。

「なんで、わざわざ京都で舞妓にならなきゃいけないの？」

もっともな意見です。

でも反対されればされるほど、時間が経てば経つほど、私の中で「舞妓になりたい！」という思いが強くなっていきました。

そんな親を説得してくれたのは、一緒に京都に行ってくれた叔母でした。

「遠く離れることになるけれど、ちゃんとお目付け役のいる世界なのよ。今、

放課後にこの子が何をしているかわからないでしょう？　それよりよっぽど厳しくて安全よ。お作法とか、女の子に必要な教育はすべて仕込まれる。もし辞めたいと思えばいつでも辞められるし、途中で辞めても、身についたものは一生なくならない。たとえば踊りの師匠になるとか、その後の道も必ず開けてくるから」

「うまいことを言うな」と思いましたが、実際、その言葉の通りでした。いや、「お目付け役がいるから、厳しくて安全」ということに関しては、その言葉以上に厳しいものがありました。

喜春さんの本にも「花嫁学校に行くよりも、芸者の修行をしたほうがよっぽどためになる」といわれていたという記述がありますが、本当にその通り。

ともかく、こうして私は舞妓への第一歩を踏み出しました。

その扉を開いてくれた師匠に、そして元々のきっかけとなった祖母に、感謝せずにはいられません。

舞妓・芸妓とはどんなものか、また私が京都・祇園で学んださまざまなことについて、ここからお話ししていきたいと思います。

第一章

芸舞妓としての生活

置屋とお母さん

京都で舞妓になるためには、まず「置屋《おきや》」を決めなくてはなりません。私たちはそこで生活し、舞妓になるためのお稽古に通います。舞妓になってお座敷に呼ばれるときも、舞妓本人に直接連絡がくるのではなく、そのお座敷がある**お茶屋**さんから置屋に連絡がくるのです。

置屋とは、芸妓・舞妓が所属する芸能プロダクションのようなもの、といえばわかりやすいでしょうか。その例えでいえば、お茶屋さんは芸妓・舞妓が芸を披露する仕事場ということになります。

現在、京都には**花街**が五つあります。

「祇園甲部《ぎおんこうぶ》」、「祇園東《ぎおんひがし》」、「上七軒《かみしちけん》」、「先斗町《ぽんとちょう》」、「宮川町《みやがわちょう》」。

なかでもいちばん、地域的に大きく、置屋も多いのが「祇園甲部」。私が見た「都をどり」は祇園甲部の舞台でした。

花街によって、**舞の流派**も違います。

❖**お茶屋**
芸妓や舞妓がお客様に呼ばれていくお座敷。お酒を飲んだり食事をしながら、お座敷遊びを楽しむ。

❖**花街**（**はなまち**）
かがい、ともいう。置屋、お茶屋が集まっている地域。京都には現在、祇園甲部・祇園東・宮川町・上七軒・先斗町の五つの花街がある。これに島原を加えて六花街とすることもある。ただ現在、島原で営業している置屋は1軒のみのため、一般的には「京の五花街」と言われる。

ちなみに祇園甲部で「都をどり」が行われる四月、宮川町では「京をどり」、上七軒では「北野おどり」が開催されています。五月の「鴨川をどり」は先斗町、十一月の「祇園をどり」は祇園東。

先斗町は比較的明るい雰囲気があり、「お客様が明るくにぎやかに楽しめる」と言われています。

宮川町は、いちばん現代風と言ってもいいかもしれません。マスカラを使うなど、舞妓の化粧も現代風。日本的な顔立ちよりも、はっきりとしたきれいな顔立ちの舞妓が多いようです。

上七軒だけが北野天満宮の近くにあり、八坂神社周辺にある他の四花街からは北に少し離れています。起源が室町時代と、京都の花街でもっとも古いのがここ。お茶屋の数は多くありませんが、しっとりと落ち着いた風情が魅力です。

私のいた祇園甲部は「お堅い」雰囲気があると言われていました。伝統を重んじる傾向が強くあり、ここならではの決まりごとがたくさんあったように思います。

花街それぞれに違った「街柄」があるのもおもしろいところです。

❖舞の流派

花街ごとで舞の流派が違う。祇園甲部は井上流、上七軒は花柳流、祇園東は藤間流、先斗町は尾上流、宮川町は若柳流となっている。

私がお世話になることになったのは、祇園甲部の「美《み》の八《や》重《え》」という、お茶屋でありながら置屋もやっている家でした。

置屋の女主人は「お母さん」。

その呼び名の通り、親のように祇園での生活のすべてを取り仕切ってくれる大事な人です。

この置屋は、知人に紹介してもらうなど、つてを頼って決めることが多いようです。つてがなく、組合へ相談して決めてもらう人もなかにはいるようですが、置屋のほうもだれでもいいというわけにはいきません。

舞妓としてお座敷に出すには大変な費用がかかります。それ以外にも生活費やお稽古代、すべて置屋で面倒をみるのです。代わりに舞妓のほうも自分にかかった費用を返すまで、だいたい五～六年働きます。返し終わったことを「年季が明ける」と言います。

年季が明ければ、ひとり暮らしをしてもいいし、芸妓（年季が明ける頃にはみな芸妓になっています）を辞めて違う仕事をするのも自由、ということになります。

芸妓を続ける場合は、自分ひとりですべてをまかなわなければなりません。生活費、お稽古代はもちろん、衣装代、カツラ代、踊りの会のチケット代まで

（さばかなければならないノルマがあるのです）。

これまではお母さんが采配してくれていたことを自分でやってみてはじめて、金銭的にどれだけ大変か、またどれだけ細かな心配りが必要なものかがわかります。

置屋にしてもそれだけのお金と手間がかかるということで、紹介ではない女の子を預かるのを敬遠するのはよくわかります。

器量うんぬんよりもまず、娘、親ともに信頼できる人柄であるかどうかが重要。それには信頼できる人から紹介されたほうが安心というわけです。

私は踊りの師匠からの紹介があったため、置屋に面接に行ったときに言われたのは「前髪を上げて、おでこを見せて」ということだけでした。私が話したのもたしか「日本舞踊が好きです」ということくらいだったと思います。

当時のお母さんはまだ五十代。きれいな白髪をショートカットにしていて、初対面のその日は洋服を着ていました。

「置屋のお母さん」ということで勝手に抱いていた古風なイメージとは真逆の「モダンで素敵な人」。それがお母さんに対する第一印象でした。

祇園で生活するようになっても、その第一印象は変わることがありませんでした。京都の出身ではありますが、花街とはまるで縁のないところで育ったからでしょうか。新しい考え方をするお母さんでした。

そもそも、結婚相手は普通の会社員。その男性の実家がお茶屋とはいえ、まさか自分がそこを切り盛りすることになるとは思ってもみなかったようです。

ある日、お姑さんから、

「明日、ちょっとお茶屋を手伝いにきてくれるか?」

という電話があり、手伝いに行ったのが運の尽き。お姑さんに、

「私は明日から店には出えへんから」

と言われ、いきなりすべてを任されてしまったとか。まるでドラマのようですが、本当の話です。それでもなんとかお茶屋の仕事に慣れると、今度は置屋もはじめてしまうのですから、すごい人です。

「自分は息子だけやったから、女の子も育ててみたいなあ、思うたんよ」

置屋をはじめた理由をそんなふうに話すお母さん。

その言葉の通り、本当の母親のように私たち芸舞妓に接してくれました。

「お母ちゃん」と呼んで、甘える舞妓もいたくらい。

祇園に来て、まだひと月も経たないうちに、

「あんたはあんまり器用なほうやあらへんから」と、小さいうちから実の母に言われていたのと同じことを言われたときは、本当にびっくりしました。

ホームシックにかかりそうなときも、その一歩手前で元気が出るような心づかいを見せてくれる。ひとりひとりの性質、そのときそのときの気持ちの変化をしっかりと見抜き、受け止めてくれる人でした。

ちなみに、お父さんはお母さんがお茶屋を任されたあとも変わらず会社員を続けていました。表に出るのは女性で、男性は陰で支えるという形がとられるのが花街だからでしょうか。息子さんもお茶屋を手伝うということはありませんでした。祇園のほかの置屋さんやお茶屋さんを見ても、お父さんとお母さんの役割は、しっかりと分かれているようです。

男が働き手にはならないことから、女の子が生まれたほうが喜ばれる雰囲気が祇園にはあったように思います。

祇園は名実ともに〝女の街〟なのです。

仕込みさん

祇園にやってきた私がまず経験したのは「**仕込みさん**」としての生活でした。舞妓になる前の半年から一年余りは「仕込み」と呼ばれる舞妓修業の時期となります。

踊りやお囃子《はやし》、お茶のお稽古などをする傍ら、先輩であるお姐さんの身の回りのお世話をするのが主な仕事。お姐さんの着付けを手伝ったり、買い物を頼まれたり、お出かけのときは荷物持ちをしたりします。

面接のときに、

「東京からの荷物はなるべく少なくして。着るものはこちらでそろえるから」

と言ったお母さんは、着いた早々、私にワンピースを買ってくれました。

これは、先輩であるお姐さんのお供をするときのため。きれいな着物姿のお姐さんのお供をするのに、あまりみっともない格好はできません。それ以外はほとんど、Tシャツにデニムのスカートで過ごしていたように思います。

❖**仕込みさん**
置屋で生活をしながら舞妓になるための修行をする期間を称して「仕込み」、それをしている当人を「仕込みさん」と呼ぶ。中学生は、置屋から中学校へ通う場合も。「仕込み」の期間はほぼ1年程度。

「美の八重」はお茶屋もやっていたため夜が遅く、その分朝はゆっくりでした。仕込みの私も朝は十時くらいに起きていました。

逆に、早くから起きてガタガタ音を立てて掃除でもしようものなら、寝ているお母さんやお姐さんたちにご迷惑になってしまいます。一応、みんなが起きてきてから、玄関掃除と廊下ふきなどはやっていましたが、それも強制ではありませんでした。

祇園には、

「お座敷に出る身には、所帯じみた下働きはさせられない」

という空気があったような気がします。

お母さんからは、

「台所の手伝いをする暇があるのなら、芸を磨きなさい」

と言われていました。

「食器をうまく洗えるようになるよりも、洗ってくれる人を雇えるような芸妓になりなさい」

という考え方です。

後に運転免許を取りに行ったときにも、

「なんで自分で運転せなあかんの。乗せてくれる人を見つけなさい」

と言われましたから。

お昼を過ぎた頃、ようやく着物に着替え、踊りなどのお稽古に向かいます。

朝十時、いちばんにお稽古をはじめるのは舞妓のお姐さんたち。やがていい頃合に芸妓のお姐さんたちがやってきて、すべてのお稽古が済んだあとにようやく仕込みの番となるため、それくらいの時間になってしまうのです。

お稽古から帰ってきて、ちょっと休憩すると、三時。

その頃からお座敷に出るお姐さんのお支度の準備が始まります。

仕込みの仕事はそのお手伝い。白粉《おしろい》がしやすいように準備をし、着物を着付けるときも先、先を考えて、**男衆**《おとこし》さんに紐や道具類を渡す役目があるのです。

着付けのときにいちばん大事なのが、**抜き衿**を決める作業。

男衆さんが前側の衿を決めている間、着物が前に行き過ぎないよう、抜き衿がきれいに決まるように後側の衿を引っ張っている役目です。

うなじがきれいに見えるポイントというのは、そのお姐さんの身長や髪の張り出し具合によって違います。それを間違えると、

「今日の抜き衿はえらい小さかったで。気ぃつけてや」

❖男衆（おとこし）

本来の仕事は力仕事である着付けだが、それ以外でも芸舞妓からの頼まれごとをしたり、「お店出し」「衿替え」の儀式のときには、芸舞妓に付き添って挨拶回りをする。

❖抜き衿

女性が和服の衿の後ろの部分を引いて、うなじから離して着ることをいう。そのバランスで、着物の雰囲気が変わる。

と注意されてしまいます。

きれいに抜けた衿は本当にお姐さんを粋にあでやかに見せます。反対に、小さいと野暮ったくなってしまうのです。このポイントは本当に難しいものでした。けれど、失敗しながらも日々繰り返すことによって、その人にとってはどこがいちばんきれいなのかもわかるようになっていきます。

そんなふうにして、お姐さんたちをお座敷へ見送ってからは自分の家のお手伝いです。電話番をしたり、お客さんの靴をきれいに並べたり、お料理をお座敷の外まで運んだり。

これも強制ではなく、手が空いているから手伝っているようなものでした。反対にTシャツにスカート姿の女の子がお茶屋の中をウロウロしていては体裁が悪いと、

「お客さんに見つからないようにしなさい」

と言われていたほど。

そうこうしている間に、夕飯です。置屋によって違いはあるようですが、私のいたところは食事もたくさん出てきました。

❖**おぼこい**
関西方面の言葉で、幼い、かわいい、純朴な、まだあどけないという意味。

「舞妓はふっくら**おぼこい**のがいいんえ。たくさん食べよし」

がお母さんのログセ。これも「他の花街にくらべ、祇園の舞妓はあどけない感じなのがいい」と、昔から言われてきていたからでしょうか。お父さんも洒落のきいた素敵な人で、私たちが食事をしているところにやってきて、

「もう終わりですか？　ほな、これから食事の二次会しまひょか？」

なんてことを言うのです。

曖昧に「はい……」なんて答えていると、本当にもう一食分出てきて、驚いたこともありました。

「あんた、『はい』ゆうたやないの」なんて言われて。

おかげさまで、お座敷に出る頃には本当にふっくらまん丸な顔になっていました。

でも京野菜をはじめ、それまで見たこともないような食材、味わったことのないような味がたくさんあるのが京都。

お客様から食材について尋ねられることもありますし、季節ごとの旬の食材も覚えておかなければなりません。

それを知らずにお座敷に出すわけにはいかないのです。京の味を知り、知識を増やすことも舞妓修業の一環という、お母さんたちの心づかいだったのだと

思います。

　そのほか、食事のマナーから味わい方、日常のなかで教えられたことは数え切れません。なかには、箸の持ち方まで教えてもらっている仕込みさんもいました。


　祇園にやってきてすぐ、お母さんに言われた言葉があります。

「この世界をすごくきれいなものだとイメージして入ってきたかも知れんけども、実はそうやない。あんたもよう覚悟して、白鳥のように生きていかなきゃいけません。人の千倍は努力する気持ちがないと、いいものは手に入れられませんえ」

　首をすっくと伸ばし美しく優雅に、けれど水面下では激しく水をかいて進んでいく白鳥。

　そういう気持ちがないと、この世界ではやっていけない。見えないところで人の千倍、努力をする気持ちが大事……。

　これは祇園から遠く離れた今もなお、私の中で大事な言葉になっています。

ばかしこ

京都の花柳界は縦のつながりがとても強い社会です。そして、そのつながりのなかで脈々と受け継がれている〝しきたり〟がある世界です。

そのひとつがお姐さんとの関係です。置屋が一緒のお姐さんは、「直系のお姐さん」と言われます。

そのなかのひとりには、舞妓としてはじめてお座敷に上がる「**お店出し**」の日にお座敷に引いて（連れていって）いただき、

「この度、うちの妹が舞妓になりました。よろしゅうおたの申します」

とお客様にご紹介いただいたり、あれこれと面倒を見てもらうことになります。名前を一文字いただくことも多く、その結びつきは大変強いものです。

私の祇園時代の「真澄《ますみ》」という名、この「真」もお姐さんからいただいたものです。

私のお姐さんにも、お姐さんがいて、そのまた上にもいて、いちばん上の

❖**お店出し**
仕込み期間を終え、舞妓としてデビューすることを言う。

「大きいお姐さん」となると八十歳を過ぎていたり。

「お店出し」の日には、その大きいお姐さんまでが登場し、みんなで杯を交わす「姉妹契りのお杯」の儀式もあります。

置屋が違っても、自分より一日でも早くこの世界に入った人はみな、お姐さん。新米はそれこそ数え切れないくらいのお姐さんの鋭い視線を浴びて、日々この世界のしきたりを学んでいくことになります。

おこぼの鼻緒の色も舞妓になってからの年数によって変わります。

一年目は赤、二年目はピンク、三年目からは緑や青、紫など好きな色を選べます。

舞妓のなかでも上のほうになると、そこに金糸や銀糸をあしらってみたり、自分の好みでいろいろと凝ることができます。お茶屋の玄関先に脱いであるおこぼを見れば、どのお姐さんが来ているのかがわかるのです。

舞妓になりたての頃、玄関の戸を開けて、厳しいお姐さんのおこぼが見えたときは、それだけで「ドキーン！」としたものです。

芸妓のお姐さんくらい上になってしまうと、注意してくださるときもどこか

❖おこぼ
舞妓の象徴ともいえる高さ10センチ以上はある下駄のこと。歩くとコボコボと音がするところから名付けられたとも言われている。

余裕があって優しいのですが、舞妓のお姐さんは「怖い」存在。部活の上下関係に似ているかもしれません。

もちろん、優しいお姐さんも話しやすいお姐さんもたくさんいらっしゃいましたが、厳しいお姐さんと一緒になったお座敷はそれはそれは緊張するものでした。お客様より、お姐さんの顔色ばかり気にしてしまって、それでまた怒られたり……。

そんな祇園での生活はどんなものだったかと言いますと、まず自由はないも同然でした。

なにしろ、お小遣いがほんのわずか。

それじゃあ喫茶店にも入れない、と思いますよね。「入れない」のではなく、入ってはいけないのです。舞妓に出て一年未満は「喫茶店に行ってはいけない」のですから。喫茶店どころか、一年未満は「**四条大橋**を渡ってはいけない」とも言われていました。

一応、お休みの日は渡ることを許されていたとはいえ、まさに〝籠の鳥〟です。

お座敷に呼ばれて出るときも、そのお茶屋さんに到着してまずするのは「今、着きました」という置屋のお母さんへの報告の電話。

❖**四条大橋**
祇園と先斗町の両花街をつなぐ橋。祇園からはわずか300メートルほどの距離。地元の人はもちろん、観光客など、常に人が絶えない場所。

帰りもお茶屋さんを出てからの時間をだいたい計っているので、ちょっと寄り道でもしようものなら「どっか寄り道しはりませんでしたか？」と、すぐにわかってしまいます。

それはもう徹底していました。


当然、お母さんたち、お姐さんたちへの口答えはご法度です。

よく言われていたのは、

「いつでも明るく素直な子にならな、いかん」

ということ。

道を歩いているときも、少しでも知っている顔を見かけたら、

「こんにちは。おおきに」

と、大きな声で挨拶すること。

お客さんに気に入られることよりも、まずはお茶屋のお母さんやお姐さん方、そのほか、職人さんなど祇園で生きている人に気に入ってもらうことのほうが大事なのだと教え込まれました。

たとえ嫌なことを言われたとしても、「へぇ、おおきに」と笑顔で言えるく

らいになっておかないと、だれにもかわいがってもらえない。みんなにかわいがってもらえる子にならないと、この世界ではやっていけない、と。

正直、理不尽なこともありますし、「そういうものやから」と言われても、納得できないこともあります。

けれど、それが祇園の流儀、〝しきたり〟なのです。

江戸時代から続く伝統の前には、たかだか十数年生きてきただけの自我などは太刀打ちできるはずもありません。

「ばかかしこ」という言葉があります。

「へえ」「へえ」と表面上は、ばかのようになんでも言うことを聞いているのですが、頭の中ではいろいろ考えている賢い方法なのだ、という言葉です。

すべてわかっていても、何も知らない振りをして対応できるのが「ばかかしこ」。わかった振りをして相手をしても、実は何もわかっていないのは「かしこばか」。

祇園では、この「ばかかしこ」になれるかどうかが分かれ道でした。

一般社会、とくにビジネスの場においては、しっかりした自分の意見を持たない人は信用されませんが、そうではない世界もあるのです。

目指すところが「プロジェクトの成功」であるならば、活発な意見交換は必要不可欠でしょう。けれど、祇園でいちばん大事にしなければいけないことは、「伝統を重んじ」、「守り」、それをきちんと「未来へとつなげる」ことです。

ただ、太刀打ちできないからといって、黙って流れに身を任せていればいいわけではありません。

伝統という大きな流れのなかで自分の勤めを精一杯果たし、日々精進すること。それができて、ようやく一人前。

その頃には、自分が「自我」だと思っていたものが、単なるわがままに過ぎなかったことに気づくのです。

白粉と割れしのぶ

仕込みの大事な仕事のひとつは、お座敷に出るお姐さんのお支度を手伝うことです。

毎日午後三時になると、まずはお化粧の準備をはじめます。

お姐さんが白粉《おしろい》をしやすいように、白粉の刷毛《はけ》を洗い、お水をくみ、かんざしは磨いておきます。

お姐さんが白粉をするところは必ず後ろで見ていなければいけません。

舞妓になったときには、自分もするわけですから、そうやってお姐さんがやるのを見て覚えるわけです。

もちろん正座。これが最初のうちはとてもつらいものでした。

白粉の仕方は、まず、**びん付け油**を手のひらでとかし、顔全体に塗ります。

このとき均一に顔に塗るのが難しいのです。

❖**びん付け油**
日本髪で、髪を固めたりするのに用いる固練りの油。和化粧の場合、下地としてムラなく塗ることで、白粉ののりがよくなる。

油自体が堅いので、冬場はとくに大変。手で温めて、いい具合に柔らかくしておいてから、ぐぐっとかなりの力をこめて顔全体に塗っていきます。顔の中央から両頬に伸ばし、余った分でおでこ。それからまた温め直し、首、胸、背中へ。

油が厚くなっているところは白粉が多くつき、薄いところはあまりつかないので、均一に塗らないとまだら模様のひどい顔が出来上がってしまいます。最初のうちはなかなかうまくできずに、何度も何度も練習しました。舞妓になる前に、白粉の仕方をきちんと教えてくれる機会が一度ありますが、あとはひたすら自主練習。お姐さんがお座敷に出ている間などに練習するのです。

ちなみに落とすときはベビーオイルなどを使っていました。この化粧法のおかげか、肌はいつもしっとりとしていました。歌舞伎役者の方も、お年がいっても肌がツヤツヤときれいな方が多いことを考えても、白粉は肌にいいのかもしれません。

白粉がきれいに塗れたら、眉、頬紅。最後に、唇に水で溶いた紅をさします。

祇園では、舞妓になった最初の一年は下唇にしか紅をさせない決まりになっています。上唇にもさせるようになるのは二年目から。下唇だけのほうがちょっとおぼこく見えるのでしょうね。二年目からは上唇にも紅をさすほか、アイラインを入れるなど、自分なりにきれいに見えるよういろいろ工夫していいことになっています。上唇に紅をさし、アイラインを入れている自分が、ちょっと大人になったようで嬉しかったことを覚えています。

少々脱線いたしますが、この化粧をいかに崩さずに食事をとるか、というのがかなりの難関でした。

化粧が崩れた舞妓ほど、みっともないものはありません。唇には縦に線が入っているため、にじんだ紅は下唇の下の白粉を赤く染めます。それをかくすためにはにじんだ部分まで大きく紅をさすしかない。舞妓になりたての頃は何度かこの失敗をし、「唇が歩いているみたい」と言われてしまったこともありました。

そういう恥ずかしい目に合わないためには、なるべく唇に触れないように食べ物を口の中に運ぶしかありません。かといって、大口を開けるわけにはいかないので、食べ物は小さく切って、そおっと口の中へ。

そういう習慣が染み付いているからか、芸舞妓は食べ方のきれいな人が多いような気がします。しかも早い。

普段の食事もお座敷の合間。「都をどり」のときなどは、幕間の五分くらいしか食事時間がないのです。そのなかをいかに化粧を崩さず、もちろん着物を汚すことなく、きれいに早く食べるか。

でも慣れると、その状況でうどんも食べられるようになるのです。しかも普通にすすって食べていましたから、自分でも不思議な気がします。


白粉の次は、髷《わげ》（舞妓の髪型）の話をいたしましょう。

舞妓は地毛で髪を結います。

舞妓になった当初は「割れしのぶ」という髷を結い、衿は「赤」と決まっています。

「割れしのぶ」に赤い衿の舞妓はいかにもおぼこく、初々しく映ります。

二年もすると、「お姐さん舞妓」になり、衿は白に、髷も「おふく」という形へ変わります。この頃には白粉もすっかり板についていますから、衿と髷を

❖衿替え

舞妓から芸妓になる儀式。舞妓の赤い衿を、芸妓の白い衿に替えることからこの名が付いたという。舞妓は地毛で髪を結うが、芸妓は、かつらをかぶる。衿替えの際の断髪は、元結（もっとい＝髪を結うときの基本になるところ）をお姐さん芸妓など望む人に切ってもらう。衿替えの時期は置屋の女将と相談して決める。

❖鬢（びん）

日本髪を結ったときに左右に張り出した髪の部分。

変えただけでグッと垢抜けた印象になります。

このとき、舞妓として垢抜けているものの童顔だったり小柄だったり、まだかわいらしい感じがする場合は、そのまま三〜四年舞妓を続けますが、大人びた印象を与える舞妓は「あの子は早く芸妓にしたほうがええな」ということになります。

私自身は大柄だったこともあって、舞妓から芸妓への「**衿替え**」が早く、舞妓でいたのは三年ほどだったでしょうか。

その髷ですが、週に一度、髪結いさんへ行って結ってもらいます。

朝からお稽古があるときは早朝の五時に行くものですから、眠くて仕方がない。結ってもらっているうちに、どうにもこらえきれず居眠りしてしまうこともたびたびでした。コックリするたびに髪をグイっとひっぱられ、「痛い！」と起きることもありました。

あるとき、「できましたえ」という声にハッと起きて鏡を見ると、ひどい頭だったことがあります。左右の**鬢**《びん》の大きさが違うのです。

「何回言っても寝るから。寝てたら、そないにしかできひん」

そのとき髪を結ってくれていたのは、その道六十年以上にもなる先生。七十歳を過ぎて亡くなられる二年前くらいまで、現役を続けていらっしゃいました。ただその年齢になるとさすがに力が出なくなってきたのか、「元結い」を結ぶのだけは代わりに若い先生に結んでもらうようになっていました。

髪を結うときの要となる「元結い」を結ぶのには、かなりの力が必要です。そこがゆるむと、すべての髪が崩れてきて、髷や鬢が台無しになってしまうのです。力のいる元結いは若い先生に結んでもらっても、最後に髪をなでつけるのは、上の先生。お年を召したとはいえ、その手はとても正確で、一本たりとも乱れず結い上げていらっしゃいました。

舞妓はそうして結い上げた髪型を一週間、崩さないように生活します。夜寝るときも、時代劇で見るような高まくら。

「それでよく寝られるな。疲れがとれないんじゃないか？」

などとよく言われましたが、慣れれば案外平気なものです。

電車の中で、サラリーマンの方がつり革につかまって立ったまま寝ているのを目にしますが、それと同じではないかなと思います。

お座敷での仕事でクタクタですから、布団に入ればすぐにぐっすり眠っていました。

当然ですが、洗髪は週に一度。これがまたひと苦労です。最初に髪についたびん付け油を熱めのお湯で流します。それからシャンプーを二度三度と繰り返すのです。

油を落とすのですから「食器用洗剤がいちばん」と言って、それを使う子もいました。私も一度試してみましたが、たしかに落とすのは簡単。でもあまりにも髪に悪そうで、すぐにシャンプーに戻してしまいました。

そんなふうにさまざまな思い出のある髪結いですが、はじめて結ってもらった帰りの道のことはよく覚えています。

道行く人の視線が驚くくらい自分に向けられるのを感じたのです。着物を着ていたとはいえ普段着用、顔はすっぴん。でも

「生まれてからこんなに視線を浴びたことはないな」

と思いました。

舞妓になってからは街を歩いていると、観光客の方に「写真を撮ってもいいですか？」と言われることも多く、最初はなんだかテレくさく戸惑ったものです。

けれど、じきに、

「舞妓である私自身が〝京都の観光名所〟であるのだ」

という自負と責任感が芽生えてきました。

地毛で髪を結うということは、若い舞妓にそういう自覚を植えつける効果もあるのかもしれません。

つねに「舞妓である自分」を忘れず生活することで、しぐさや生活態度まで「舞妓らしく」なっていくのです。


衿替えをし、芸妓になってすぐのことです。

四条通りを歩いていると、どうにも歩きづらさを感じました。なぜかやたらと人とぶつかるのです。「なぜだろう？」と思っていたところ、普通の髪型をして、洋服を着ているせいだとわかりました。

芸妓になると地毛ではなくかつらをつかうため、普段はどんな髪型でもいいことになるのです。それに洋服を着ていれば、だれも私を祇園の芸妓とは思いません。道を通る人も私に気をとめることもなくぶつかって通り過ぎていくのです。

もし舞妓も地毛ではなくかつらで、お座敷のとき以外は自由に「普通の女の子」の格好で出歩けたとしたら、「自分は京都の観光名所だ」という意識はなかなか芽生えなかったと思います。

とはいえ、せまい街ですから芸舞妓はどこに行っても知っている人に会うものです。

自分では気がつかなくても、実は見られていることも多く、「このあいだ、○○デパートで買いものしていたでしょう」などと言われることもありました。ご贔屓のお客様とは情報源が一緒だからか、好みが一緒なのか、海外に行ってまで、レストランでばったり！などということがありました。

「つねにだれかに見られている」という意識は芸舞妓でいる以上、なくなることはありません。

そして、その周囲に対する意識が、きっと芸舞妓を日々美しく磨いていくのだと思います。

花街を支える人々

髪結いさんの話が出てきましたが、ほかにも京都の芸舞妓はそれはそれはたくさんの専門職の方々によって支えられています。

まずは「男衆《おとこし》」さん。芸舞妓の着付けをする人です。

毎日、お化粧が終わった頃に、男衆さんが着付けをしに置屋にやってきます。総重量10キロほどもある着物、それをギュッと帯で締めあげる作業は男性でなければできない力仕事です。

舞妓の象徴でもある「**だらりの帯**」も締めるのは、ひと苦労です。帯を結ぶのに、ギッとかみしめるから歯もボロボロになるという話も聞いたことがあるほど。

この男衆さんも最近は人数がずいぶんと少なくなってきているようです。

専門職ではありますが、職人とは違います。けれど信用が第一ですから、よ

❖だらりの帯
後ろにだらりと垂れ下がった舞妓特有の帯。長さは5メートル以上で、かなりの重さになる。

そから来てもすぐになれるものではありません。

また年齢的に若すぎても問題があります。信用を得て仕事として活躍できるのは、だいたい三十代近くになってからでしょうか。

私がいた当時、帯を締めてもらっていたのは、代々男衆を仕事としている家の方でした。

人数が少ないと、それは大変です。夕方五時からのお座敷までに十人の舞妓の着付けをしなくてはならない、というときは分刻みで、あちらの置屋、こちらの置屋へと自転車であわただしく移動します。

男衆さんが到着したときに、準備がまだできていないと、

「ほな、いちばん最後にまたくるわ」

と後回しにされてしまうので、こちらのほうも準備が大変です。

舞妓の「お店出し」や、舞妓から芸妓へと変わる「衿替え」のときに、芸舞妓を引き回して、百軒ほどもあるお茶屋さんを挨拶して回るのも、男衆さんの仕事。

決して目立つことはないのですが、男衆さんの存在というのは、とても大きなものです。

女ばかりの花街において、唯一の男性であるということもあるでしょう。やはり男性と女性にはそれぞれ役割があり、両方がいてはじめてバランスがとれるもの、そんな気がします。

「呉服屋」さんも芸舞妓にとってはなくてはならない人です。贔屓の芸舞妓の好みや似合うものがすべて頭に入っていて、的確なアドバイスをしてくれる心強い存在です。

彼らは京都中の芸舞妓たちをきれいにするのが自分たちの仕事であり、腕の見せどころだと思ってくださっています。

自分では絶対に選ばないような色、色見本を見て「地味じゃないかしら……」と思ったとしても、彼らが「絶対に似合うから」とすすめてくださったもので間違ったものはありませんでした。

思いもよらなかった自分の魅力を引き出してくれる、とでも言いましょうか。季節ごとに新しい着物をあつらえるたびに、全幅の信頼を寄せて、さまざまな相談に乗っていただきました。

一度、「それはやめときなはれ」と言われたことがあります。

無地の着物の裾の裏側に季節の花の刺繍を散りばめたいと言ったのです。芸舞妓は裾を引きずる状態に着付けるため、歩くときは左右の裾を左手で引いて（持って）歩きます。そのとき、引いた裾が少しめくれるのですが、そこに花の刺繍が見えたら、さぞ粋だろうと思ったのです。

「アイデアはいいが、あんたの年でやったら、姐さんたちに生意気や思われる」祇園を知り尽くしているからこそ言えるその言葉に、私も潔く断念しました。でもそのアイデアを、今こそ試してみたいと思っています。

〝散りばめる〟までせずにワンポイントで。裾がめくれた瞬間にちらりと花の刺繍がのぞく。

想像するだけで心が浮き立つようです。

舞妓のときには、「かんざし屋」さんも大事な存在です。

季節の移り変わりを意識して、月によって、行事によって替える「花かんざし」までが舞妓の制服なのですから。制服というより、特権と言ったほうがいいかもしれません。

季節によってさまざまな趣向をこらした花かんざしをつけられるのは、とても嬉しいものでした。

月ごとの「花かんざし」をここで少しご紹介しますね。

お正月は松竹梅。そして稲穂。稲穂の上には鳩がいて、「好きなお客様」にその目を入れてもらう慣わしになっていました。

舞妓それぞれ「この人のお座敷の仕事は何があっても行きたい！」という「好きなお客様」というのがいるものです。

なかには鳩をいくつも用意しておいて、何人ものお客様に目を入れてもらっているちゃっかり屋の舞妓もいましたが。

二月は梅。

三月は菜の花。

四月は桜。

五月は菖蒲や藤。

六月は柳や紫陽花。

七月は団扇。

でも十日から二十八日の「祇園祭り」の間は、祭りを意識した特別なものが毎年作られます。

八月は朝顔やすすき。

九月は桔梗《ききょう》。

十月は菊。

十一月は紅葉。

十二月は**もち花**に「**まねき**」をあしらったもの。

この十二月の「まねき」は**京都・南座の顔見世興行**にちなんだものです。

顔見世興行に出演される歌舞伎役者さんの名前が書かれた「まねき」が南座の前に高々と掲げられると、京都の人たちは、「今年もしまいやな」という気分になります。まさに京都に冬を呼ぶ行事。

舞妓はこの「まねき」を花かんざしにあしらい、贔屓の役者さんに名前を書いてもらうのです。

私も当時人気のあったいろんな役者さんに書いていただきました。

思い出深いのが、顔見世興行に必ず出演なさっていたある役者さん。お年を召してからは、体調の都合で「かんざしを壊すと申し訳ないから」と遠慮をされるようになりましたが、その役者さんにまねきのかんざしを書いてもらいたいと言う舞妓はたくさんいました。

❖もち花にまねき
柳などの枝に赤や黄の小さな餅や団子をつけた飾り物。通常は、1年の作物の豊作を祈って神棚などに飾るもの。まねきとは、劇場の前に掲げられる役者の名前が書かれた看板。これで人々を招き寄せることからまねきといわれるようになった。舞妓がかんざしにつけるのはそのミニチュア版。

❖南座の顔見世興行
南座は歌舞伎発祥の地、四条河原に現存する日本最古の劇場。毎年12月には東西の歌舞伎役者が勢ぞろいする顔見世興行が行われ、祇園の芸舞妓も総出で訪れる。

花かんざしのまねきはそもそも小さいですし、歩くと揺れるように作られていましたから、ただでさえサインを書き込むのは難しいのです。

その役者さんがそれはそれは慎重に書かれていらしたのが思い出されます。


その花かんざし、舞妓も二年目になると、ちょっと人と違ったものをつけてみたくなります。

二月に椿。十月の菊も小さい菊を散らしたり、大きいまんまるな菊にしたり。糸菊も華やかできれいですし、色もさまざまです。

いかにそのときならではの季節を感じさせ、趣向を凝らすか。みなそれぞれ知恵をしぼっていました。それに応える職人さんはさぞかし大変だろうと思います。

花かんざしに使われる布地は羽二重など、すべて絹。それを繊細な美しい色合いに染め上げ、花びらの一枚一枚を手作業で形作っていくのです。熟練の職人さんでも、一日にひとつ作るのが精一杯だと言います。

仲良しの舞妓が秋にいがぐりの花かんざしを作ってもらおうと頼みにいったことがあるのですが、「お客はあんたさんだけじゃあらしまへん」と断られてしまったのもうなづけるというものです。

着物にシミをつくってしまったときは「悉皆屋《しっかい》」さんの出番です。

ちりめんや羽二重など絹の生地は水がついてもシミになってしまうため、本当にお世話になりました。

着物の種類や模様によって身につける季節が限定されているのですから、そのシーズンに着られなければ意味がありません。

「なんとか一日でも早く着られるようにしてください！」

と何度着物を持ち込んだことでしょう。そのたび快く応えてくれました。

あとはお座敷でお客様にお渡しする「**花名刺**」や、舞妓がはく「おこぼ」などの履物、帯締めにつかう「組紐《くみひも》」。足袋や着物、帯もそれぞれ職人さんの手によって作られています。

みなさんに共通しているのが、由緒正しい何代目という方が多いにも関わらず、決して偉そうに振るまったりしないところ。

「私らはこれしかできませんから」

といった風情で、寡黙に働いていらっしゃいます。

それぞれが本分を守り、今日の祇園、お座敷のひとつひとつを作り上げてい

❖悉皆屋（しっかいや）
着物の染め直しや洗い張り、染み抜きなどを行う専門職。

❖花名刺
花街で舞妓さんや芸妓さんが、自分の源氏名を書いた「千社札」を贔屓のお客様などに名刺代わりに渡したことから、「花名刺」と呼ばれるようになった。

るのです。

その気持ちが伝わるから、若い舞妓も一生懸命芸を磨き、美しく装い、自分にできる精一杯の力でお座敷を勤める心持ちになるのでしょう。


また、お座敷で大事なのは料理です。お茶屋では提供するのは場所のみで、調理をしません。

昔から、「料理は仕出し屋さんから取り寄せるもの」とされています。

それは、

「料理はプロである仕出し屋さんにおまかせし、お茶屋はお客様を心からもてなすことに専念するため」

だと聞いたことがあります。

料理は、祇園の一流の料理人たちが丹精こめたものを。

不思議なのが、お茶屋からは離れていて、お座敷の様子などわかるはずのない仕出し屋さんが絶妙のタイミングで一品一品、出来立てのものを運んできてくれること。長年の勘なのでしょうか。

お茶屋は、お座敷の空気にのみ集中し、届けられた料理を熱いものは熱いうちに絶妙のタイミングで出していきます。

祇園のお座敷はこうした数多くの〝プロ中のプロたち〟が全神経を集中させ、調和をとり、作り上げている空間。街全体が〝総合芸術〟と言ってもいいのかもしれません。

着物の魔法

祇園での生活を振り返って「よかったなぁ」と思うことはたくさんありますが、そのなかでもかなりの上位に入るのが、着物の魅力を存分に堪能できたことです。

芸舞妓にとって、着物は切っても切り離せないもの。

そしてお客様に喜んでいただくために、季節を繊細に演出しなければならないものです。

春はやはり、桜の模様。

満開の桜をあしらった柄の着物を着られるのは、桜の咲きはじめの時期まで。

それを過ぎたら、散っている桜を模した着物へ。

一年、三六五日、今日その日の京都の行事、草花、風の具合、日差しのにおいを感じ取り、着物で表現するのです。

着物だけではありません。

帯や帯締め、帯揚げ……たくさんの小物が一体となって、その日その日の芸舞妓を作り上げてくれます。

その分、着物はたくさん作らなければなりませんが、それもまた楽しいものでした。

着物はどれもこれも思い入れがあるものばかりです。

ひとつ挙げるとするならば、鶯《うぐいす》色から緑へとグラデーションのかかった春の着物でしょうか。

昔、殿様は春、花見をするために馬に乗って遠出をしたことにちなみ、模様は桜と馬具。そこに、殿様が出かけていった山の景色を思わせる遠山柄の臙脂《えんじ》の帯を合わせました。

この着物、最初に生地を見たときは正直「地味すぎる」と思いました。

当時、私は二十二歳。春といえば、もっと明るく華やかな色のイメージを想像していたのです。

でも呉服屋さんはどうしても「あんたにはこれがよろし」と言います。色で抑えた分、桜の模様は少しかわいらしいタッチにすればいいと提案され、お願いすることにしました。

春を前に、ドキドキしながら待つこと数週間。出来上がってきたのは「着たら意外と派手でっせ」と言われた通りのものでした。ちょっと変わった色なので、大勢で並んだときに目立つ。それも派手派手しくはなく、調和しつつ目立つのです。

四月は「都をどり」もあり、桜も咲いて、祇園がいちばんにぎわう季節です。毎日、緊張のなかで「都をどり」の舞台を勤めながら、夜はいくつものお座敷を回り……。それはそれは忙しいのです。

それをこの着物に助けてもらいました。身体はどんなに疲れていても、この着物に袖を通すと、嬉しくて気持ちがしゃんとするのです。「今日は雨やから、この着物でしゃあないわ」という日と、「今日は絶対、お気に入りのこれ！」と思った日では、気持ちは全然違うもの。

着物の効果はとても大きいと思いました。

現在、ひとりでも多くの方に着物に袖を通していただきたいと、『和学塾』でも着物に触れる機会を設けていますが、私自身、着物の効果には改めて驚かされるばかりです。

着物は帯でしっかりと胴体を締めるため、自然と姿勢がよくなり、首筋も伸びます。

大股で歩くことはできないし、車に乗るときも洋服と同じようにはいかない。何か目の前にあるものを取ろうとするときも、たもとをつまんでから手を伸ばさなければばならない。

けれどその不自由さゆえの動作が、周りの人の目には〝上品な美しい動作〟として映るのです。


「着付けをするようになってから、洋服の着方が変わりました」

という方もいらっしゃいました。

着物だと、洋服のときはそれほど気にならなかった後ろ姿が気になるものです。

中心線は曲がっていないか、
しわは寄っていないか、
帯のゆがみはないか、柄はきちんと出ているか。
他人からいちばん見られているのが、実は後ろ姿。
自分からは見えないだけに要注意なのですが、洋服ばかりの生活では、ついついおざなりになってしまうものなのです。

着物に袖を通すことによって後ろ姿を気にする感覚を知ると、洋服のときも自然と後ろ姿にまで気を配れるようになります。

また着物で外出すると、周囲の視線を感じることがたくさんあるはずです。よほどの美女でないかぎり、洋服ではなかなか経験できないこんなことも、着物を着ることによって経験できます。

「見られている」と思うと、後ろ姿もさらに気になり、姿勢もしゃっきりきれいになります。何気ない仕草も、指先一本にまで気をつかい、いっそう優雅になるのです。

昔の日本女性の美しさの秘密は、ここにあるような気がするのです。


また着物はその日会う相手のことを「大事に思っている」という気持ちを押し付けがましくなく伝えてくれます。

今日ならではのことですが、まずは「着物で来た」ということだけで驚いたり、喜んだりしていただけるのです。さらに、たとえば帯揚げひとつでも格が高くなるものを身につけていけば、相手を敬う気持ちが伝わります。

相手が着物のことをよく知らない人であっても、

❖**総絞り**
染める部分を糸でつまんで絞って染めるため、生地の表面が起伏に富んでいる「絞り染め」。総絞りとは着物などの生地全体を絞り染めにするため、膨大な手間と時間がかかる。染めの技法の最高峰と言われ、着物のなかでも、豪華で贅沢なものと言われている。

「大事な席なので、帯揚げを**総絞り**にしてまいりました」

と言えば、嫌味にならず敬意が伝わります。

このとき、総絞りの着物にしてしまうとゴージャスになりすぎ、相手より格が上がってしまいますが、帯揚げならばつつましやかに、敬意を表すことができるのです。

「季節に合わせて梅のお着物にしました」

と言えば、そこから「ああ、もうそんな季節ですね」と、会話をはじめるきっかけにもなります。

季節、その日の気分、だれと会うかで着物の色、柄を決めるのは楽しいものです。

たとえば二月、新年に改まった気持ちも緩みがちになり、風邪などを引きやすい時期。私はいつも、シャキッとした紺地に黄色い睡蓮《すいれん》が描かれた着物に袖を通し、いつもよりちょっと鮮やかな赤の口紅をつけ、キリリとした緊張感を演出した装いを楽しみます。

こうした空気は周囲にも伝わるから不思議なものです。これも着物の効果と言えるのではないでしょうか。

また着物では「水色の着物にオレンジの帯」といったような、洋服ではありえない色合わせが楽しめます。

帯によってガラリと印象が変わるので、一枚の着物でいく通りでも、さらには年代ごとの着こなしが楽しめるのです。

ご年配の方が、

「この年齢になって桜色を着られるのは着物ならではですね」

とおっしゃっていました。本当にその通りだと思います。

「二十代の頃はこの帯を合わせていたんだな」と振り返ったり、「六十代になったら、こんな帯を合わせてみたいな」などと考えるのも楽しいものです。

着物とは一生を通じてお付き合いできますので、一枚の着物にたくさんの思い出が刻まれていくのです。それは洋服ではなかなか味わえない幸せではないでしょうか。

私には「いつか朽葉色《くちば》をきれいに着られる女性になりたい」という夢があります。

朽葉色。その名の通り、枝から離れ地面に落ちた枯葉が土へと還っていくときの色。そう説明するとなにか物悲しいイメージになってしまうかもしれませんが、実際には深みのある、とても上品な色です。着るほうにも深みがなければとても着こなせないような……。

着物は着こなし同様、着る人によってもまるで違った表情を見せます。着る人の人柄ばかりか、その人生のすべてを映し出してしまうもの。そんなふうに思えるのです。

七十歳くらいになったときに、朽葉色の着物を上品に着こなせている自分でありたい。そんな自分を思い描きながら、日々精進するのもまた楽しいものです。

こんなふうに、着物に袖を通すことによってたくさんの喜びや発見を与えられてきましたが、いちばん感謝したいのが「日本人ならではの感性」に気づかせてくれたことです。

冒頭でお話したように、季節を繊細に表現する着こなしを楽しむのは何も祇園に限ったことではありません。

昔から、着物はつねに「季節を少し先取りするもの」とされてきました。季節の移り変わりに敏感な日本人ならではの感性がここに表れているのでしょう。

さらに、浅葱《あさぎ》、瑠璃《るり》、萌黄《もえぎ》、常盤《ときわ》、煤竹《すすたけ》、柿渋《かきしぶ》……。これらはすべて、色の名前です。

日本人は古来、実に微妙な色彩を識別し、そこに美しい名前をつけてきました。紫ひとつとっても、江戸紫、京紫、鳩羽紫、茄子紫、梅紫、紺紫……。藤色、すみれ色、杜若《かきつばた》色、桔梗《ききょう》色などは、同じ紫系でも別系列の色となります。

お気づきですか？　色の名前は自然からとったものがとても多いのです。ここからも、私たちの祖先がいかに自然を愛し、親しみ、繊細な感性でそれらを日々の暮らしに取り入れて生きていたかが伝わってきます。着物を通じて、私は日本人であることをさらに誇りに思えるようになりました。

「少しでも、本来の日本人の姿に近づきたい」

京都を離れ、着物で季節感を表現する機会が少なくなった分、そんな思いで空を見たり、街路樹に目をやったりすることが多くなりました。そんなほんの少しの工夫でも、季節が感じられると幸せな気持ちになるから不思議なものですね。

その幸せをおすそ分けとばかり、

「街路樹の葉がずいぶん色づいてきましたね」

などと話しかけてみると、相手も、

「あらそう？　帰りに気をつけて見なくちゃ」

などと返してくれます。

季節が感じられる話をいやがる人はいません。

そこから話がふくらみ、場の空気がほっこりおだやかになるのを感じるとき、「私たち日本人の中には、ちゃんと季節を愛する遺伝子が受け継がれているんだなぁ」

と、うれしくなります。

「私はあまり季節を気にしたことがないかもしれない」という方も、思い出したときだけでもいいですから空を見上げたり、道端の花に目を向けてみてください。そういうものに日々少しずつでも触れるだけで、あなたの中に眠っている「季節を愛する日本人の遺伝子」にスイッチが入るはず。

それはきっと、あなたに幸せをもたらしてくれるものと思います。

京都の四季

季節感に疎い日本人が増えつつあるなかで、京都、なかでも花街は奇跡のように昔ながらの季節の行事が受け継がれていました。

ここでは古きよき日本を感じられる、そんな情景をご紹介しましょう。

年末年始は芸舞妓もそれぞれ里帰り。

祇園の新年は、一月七日の「**八坂女紅場学園**《やさかにょこうばがくえん》」の始業式からはじまります。「八坂女紅場学園」とは祇園の芸舞妓の学校に当たるものです。十三日には「初寄り」といい、踊りの師匠である五世井上八千代師匠の家へ新年のご挨拶へ伺います。

新しい年を迎え、気持ちも新たに「挨拶から始める」というこの風習が祇園らしいといいますか、私はとても好きでした。

❖八坂女紅場学園
祇園にある舞妓・芸妓のための研修施設。芸舞妓たちは、作法、礼節、三味線、唄、舞、茶道、華道などのさまざまな芸事をここで学び、日々自分を磨く。

二月は節分。祇園の芸舞妓にとっての氏神様でもあります八坂神社で、奉納舞が舞われ、豆まきにも参加します。

八坂神社、私たちは親しみを込めて「八坂さん」と呼んでいました。

毎月一日は、自分のお母さんとお姐さんに「おめでとうさんです」と挨拶に行く「お一日の挨拶」の日なのですが、私はその帰り、必ず八坂さんにもお参りに行っていました。

その八坂さんの節分の奉納舞を勤めるのは厄年の舞妓たち。毎年**『松づくし』**を舞うのですが、手にした扇を飛ばして受け取るという振りがあるのです。舞殿は野外なため、風の強い日は扇が思いもよらぬほうへ飛ばされてしまわないか、舞うほうも見ているほうもハラハラしたものでした。

節分の夜には仮装をしてお座敷を回る「お化け」という行事があります。二〜三人が一組になって、さまざまなアイデアを出し合い、毎年趣向を凝らします。歌舞伎の一場面を演じてみたり、洋風にダンスをしたり。

なかにはこれを楽しみに生きている芸舞妓もいるくらい。終わった途端に「来年は何をする?」と相談しているようなペアもいます。

そういう人たちはすでに祇園名物。

❖松づくし
別題は「松づくし大黒舞」「新松づくし」。松の名所を並べた地唄で、振り付けは、初代井上八千代または二世。一人舞、二人舞、子供向きと三様の振りがある。

❖お軽・勘平の道行き
『仮名手本忠臣蔵』の有名な場面。主人の切腹という大事の最中、お軽と逢引していた勘平は、責任を感じ切腹しようとするが、お軽に止められ山城の国に落ち延びる。その途中の山中での出来事。

「あんたら、今年のお節分は何するの？」とお客様も楽しみにされているので、ますます張り切るわけです。

私も一度だけ「お化け」側になったことがあります。

そのときは「**お軽・勘平の道行き**」をひと通り舞った後、お面を被って「おてもやん」になるという趣向で、なかなか好評でした。

でもそういう芸を披露しながら、お座敷を次々と回っていくのですから、体力的にはかなり大変です。

聞いたところによると、京都では昔、一般家庭でも節分の夜は仮装をしたのだそうです。老婆が振袖を着るなど思いもよらない扮装をして、鬼を驚かして追い払おうとしたものだったのでしょう。一般家庭では行われなくなってしまった風習が、花街にだけは今も受け継がれているのです。

三月はお雛祭り。お茶屋さんにも雛人形が飾られます。

それ以外にも代々受け継がれてきたお人形を飾るため、雛人形だけではないのがそれぞれの家の歴史を感じさせ、独特の雰囲気をかもし出していました。

お雛祭りには「引千切《ひきちぎり》」というお菓子をいただきます。まさにおもちをひきちぎった形をしたお菓子で、昔、宮中での祝儀に用いられた「戴餅《いただきもち》」や、参内者に手でちぎって分け与えたおもちの形に由来すると聞いたことがあります。

仕出し屋さんから運ばれてくるお料理もお雛祭りが近くなるとぐっと春めいたものになります。菜の花があしらってあったり、お椀がお内裏《だいり》様とお雛様をかたどったものだったり、菱形の紙の上に盛り付けてあったり。

そんなお料理が運ばれてくるのが毎年春の楽しみでもありました。

祇園では、三月にもうひとつの行事があります。

それは三月二十日の「大石忌《おおいしき》」。『忠臣蔵』の大石内蔵助が切腹をした元禄十六年（一七〇三）二月四日が、今の暦では三月二十日にあたるのだそう。内蔵助にゆかりの深い、祇園のお茶屋「一力亭《いちりきてい》」が内蔵助を偲んで行う行事です。

四月はなんといっても、「都をどり」。

私自身、これを見て祇園で生きることになったこともあり、毎年感慨深いものがありました。もちろん私以外の、祇園の芸舞妓にとっても、大きな行事であるのは言うまでもありません。

四月の京都というと桜ですが、芸舞妓にとってのお花見は、舞台の桜。または自分の着物の桜。「都をどり」にかかりきりで、「のんびりお花見」というのは夢のまた夢でした。

たまにお座敷が終わったあと、お客様と連れ立って近くの円山公園に夜桜を

❖御室（おむろ）の桜
御室仁和寺に咲く遅咲きの桜。背が低いことが特徴で、高さは2メートルほど。地面近くから枝を出し花を咲かせる。

見に行くくらいでしたでしょうか。

お花見を心から堪能したのは、芸妓をやめて東京に帰ってきてからのこと。千鳥が淵（東京都千代田区・九段）の満開の桜。太陽の下で見た桜の美しさは今も忘れられません。「都をどり」から解放された春を心から満喫したのを覚えています。

ソメイヨシノがほとんどの東京と違い、京都にはさまざまな種類の桜がありますので、長期間にわたり、あちこちで桜が楽しめます。

ひとつの例ですが、「**御室《おむろ》の桜**」は遅咲きで有名。枝ぶりも低く、小さい桜です。

口の悪い人は女の子に向かって「あんたは御室の桜やな」なんてことを言う。「鼻が低くて遅咲き」という意味です。

五月は葵祭り。

上賀茂神社、下賀茂神社のお祭りで、七月の祇園祭り、十月の時代祭りとともに、「京都三大祭」のひとつに挙げられています。

私の楽しみは先斗町の「鴨川おどり」でした。「都をどり」を終えた解放感も手伝って、いつも楽しく友達の舞を拝見していました。

花街が違っても交流があり、同年代の舞妓同士は普通に友達になります。とくに私たちは同期会なども作って、年に一度は集まっていました。

六月になると、そろそろ夏の準備がはじまります。

鴨川沿いに名物の床が組まれ出すと「夏が近いなあ」と感じます。

町家のしつらいが夏仕様に変わるのもこの時期。

襖、障子ははずして竹のすだれ戸に替え、すだれをかけます。畳の上には籐筵《むしろ》。蒸し暑い盆地の夏を少しでも涼しく過ごせるように考え出されたこれらの工夫は、目にも涼やかに映ります。

各神社にはかやぶきを束ねて作った「茅《ち》の輪」が登場します。

人々は「8の字」を描くようにしてこの輪をくぐり、半年間の罪けがれをはらい、あと半年の無病息災を祈ります。

六月三十日に厄払いのために食べるのが「水無月」というお菓子。ういろうの上にあずきが乗った三角形のお菓子で、氷を模したものと言われています。平安時代、氷室《ひむろ》に入れておいた氷を御所に献上するのが六月だったことにちなむようです。

七月は八坂神社の祇園祭りです。

一ヵ月にわたり、さまざまな神事が執り行われるため、祇園周辺も大変にぎ

❖八朔（はっさく）
八朔とは、八月朔日の略語。朔日とは一日（ついたち）の意味。

やかになります。

千年以上続いているこのお祭りのクライマックスは二十四日の「花傘巡業」。芸舞妓を乗せた山車をはじめ、千人からなる大行列が京都の街を練り歩きます。

私たち祇園の芸舞妓にとっては「みやび会」があるのもこの月。

毎年、総勢七十名ほどがそろいの浴衣を新調し、井上流の井上八千代師匠とともに八坂神社にご挨拶に行きます。

無病息災のご祈祷をしていただいたあとはゾロゾロと四条通りを歩いて、デパートへ。パーラーでサンドイッチとジュースをいただくのが決まりになっていました。

八月は、一日に「八朔《はっさく》」という行事が行われます。

この日、祇園甲部の芸舞妓はみな、絽《ろ》の黒紋付の正装をして、日頃お世話になっている師匠やお茶屋さんへ挨拶回りをするのです。

「おめでとうさんどす。相変わりませず、おたの申します」

節目節目に挨拶をし、礼を重んじるのが祇園。

これはお中元のはじまりともいわれていますが、物を送って済ませることが多い今の世の中で、こうして直接ご挨拶に回る風習が残っているのは素晴らしいことだと思います。

❖**温習会**
井上流の研鑽に励んでいる祇園甲部の芸舞妓が、技芸を披露する行事。舞は大変見ごたえがあり、観客も目のこえた人が多い。

「八朔」が行われるのは昼間。容赦なく照りつける太陽の下、黒紋付を着て、何軒も何軒も挨拶に回るのは本当に大変でしたけれど。

しかも「汗をかかないのも芸のうち」と言われ、暑そうな顔もできませんでした。

十月は**温習会**。

十月一日から六日まで開かれる、井上流一門による舞の発表です。

「春の都をどり、秋の温習会」と言われますが、「都をどり」がショーアップされたものなのに比べ、温習会は自分たちの日頃の稽古の成果を披露する場となります。

名取であるお姐さんたちの舞をじっくり見られる機会でもあり、毎年いい勉強をさせていただきました。

温習会では毎年、舞のほかに素囃子《すばやし》にも出させていただきました。

唄に三味線、笛、鼓、大鼓《おおかわ》、太鼓など。

私が受け持ったのは太鼓でした。演奏も大変なのですが、「ほおー」「やあー」という掛け声がどうしてもできずに、呼び出されて怒られたり、特訓されたり……。毎晩うなされるくらいに悩みました。太鼓も「もっと『こんちくしょう！』と思って叩きなさい」と言われていました。

掛け声にしても太鼓にしても、どうやら当時の私には力強さが足りなかったようです。でも、それらをなんとか乗り越えていくうちに根性だけはついたような気がいたします。

十月二十二日は平安神宮の時代祭り。

京都御所から平安神宮まで、さまざまな時代ものの扮装をした大行列が練り歩きます。

芸舞妓も花街が年ごとに持ち回りで、小野小町に清少納言、紫式部など歴代の美女に扮して行列に加わります。

いちばん人気はなんといっても**巴御前**。女だてらに甲冑《かっちゅう》をつけ、颯爽と馬に乗る姿が羨望の的となっていました。

十一月は「**かにかくに**祭」。

祇園を愛した劇作家の吉井勇先生を偲ぶ行事です。

「かにかくに　祇園は恋し寝る時も　枕の下を　水の流るる」

という先生が詠まれた歌を刻んだ歌碑に、菊の花を献花します。

この歌碑が建てられたのが、昭和三十年頃の十一月八日。

除幕式が開かれたこの日、先生にお世話になった芸舞妓はもちろん、各界か

❖巴御前
源義仲の側室。知勇に優れ、しばしば戦で手柄を立てた。近江敗走の際、最後まで奮戦し勇名をはせたが、義仲は巴を落ち延びさせた。後に尼となって義仲の菩提をとむらったと伝えられている。

❖かにかくに…
「かにかくに」とは、あれこれと、いろいろと、という意味。句の頭などにつけられる。

ら大勢の著名人が集まり、大変なにぎわいだったそうです。以来、この日に「かにかくに祭」が行われるようになったと聞きました。

祇園がたくさんの人に愛されてきたこと、また愛した方々の輪も大きなものだったことを感じさせるお祭りです。

十一月末になると、南座にまねきがかかります。十二月に行われる「顔見世興行」のためのものです。

舞妓の花かんざしにまねきをつけるのもそうですが、この「顔見世興行」と京都の花柳界は深いつながりがあります。

というのも興行中、花街ごとに日替わりで桟敷《さじき》を陣取り、歌舞伎鑑賞をする「顔見世総見」が行われるのです。

美しく着飾った芸舞妓たちが居並ぶ**桟敷席**《さじきせき》は圧巻です。日頃華やかな劇場がさらに華やかになります。

当然、一般のお客様もこの日を狙うため、「顔見世総見」が行われる日のチケットは毎年、入手困難なのだそうです。

まねきがかかると「今年も終わりやな」という気持ちになる通り、早々に新年の準備がはじまるのが花街。

❖桟敷席（さじきせき）
基本的には、劇場などで、客席上手側の前方にある一等席。一般席よりも割高。

十二月十三日は「事はじめ」と言われ、お正月の準備をはじめる日とされています。

師匠の家やお茶屋さんをまわり、鏡もちをおさめます。

「本年もおおきに。相変わりませず、おたの申します」

とご挨拶し、踊りの師匠からは「来年もおきばりやす」と新しい舞扇をいただきます。

そうこうしているうちに、いよいよ大晦日。

祇園に残っている芸舞妓は「おことうさん」に回ります。

お茶屋さんを回り、

「おことうさんどす」

とご挨拶。

「おことうさん」とは「事が多い」という意味。「今年もいろいろあって、忙しかったですね」という気持ちを込めて、ご挨拶に回るのです。

京都は本当に節目節目の挨拶が大事な街です。

何かにつけて、挨拶をする。挨拶することによって、感謝の気持ちが自分の中に刻まれる感覚を味わいました。

そして、そういう節目節目を大事にすることで、人付き合いの機微、「ここだけは外してはならない」というポイントがわかるようになる気がします。

「おことうさん」では、ご挨拶に行ったお茶屋のお母さんから「福玉」をいただきます。モナカの皮でできたようなピンクと白の玉で、割ると干支の置き物や縁起物、小物などが出てくるのです。

それを手に里帰りをするのが私のつねになっていました。

また、祇園の年越しといえば、八坂神社の「おけら詣《まい》り」です。ひのき材をすり合わせておこした火に「おけら」と呼ばれる薬草をくべます。このときの独特な香りが「疫病を追い払う」とされ、参拝者はその火を縄に移し、消えないように回しながら家に持って帰るのです。

除夜の鐘が響く頃になると、祇園周辺も「おけら詣り」の人で賑やかになります。


このほかにも、京都には四季折々、神社の数だけお祭りや行事があります。

「日本人は無宗教だ」などといわれますが、とんでもない。

昔の日本人は自分たちの地域の神社、そこに祀られている神様をとても大事にして、日々その神様とともに生きていたのだと思います。

第二章

お稽古が教えてくれたもの

八坂女紅場学園

京都の花街にはすべて、芸舞妓のための学校があります。

祇園甲部は「八坂女紅場学園」。仕込みとして置屋に入ったときから、ここに通うことになります。踊りはもちろん、太鼓や小鼓などの鳴り物、長唄、三味線、茶道、華道、書道……、じつにさまざまなことを教えてくれる場所です。

卒業するのは花柳界から去るとき。芸妓になってからも、ここに通うことは続きます。

舞妓は舞えるから「舞妓」。

芸妓は芸があるから「芸妓」。

一般の方がいちばん誤解されているところはそこではないでしょうか。

芸舞妓はただお座敷でお酌をしていればいいというものではありません。

京都の芸舞妓はとくに「芸事に精進してこそ」というところにプライドをもっていました。

芸妓になっていちばん売れている時期は正直、お稽古に通う時間をなかなかとれないものです。そんなときはお姐さんから

「あんた、最近お稽古に来てないようやな」

という電話がかかってくるのです。日頃の行いをどうやっても隠すことができない、悪いことができないのが祇園。

現在、権威ある企業や人が「見つからなければいい」とばかりに、悪いことをしているニュースが相次いでいますが、祇園ではあり得ないこと。

そもそも、だれも見ていなくても自分自身が見ているのです。

日々お稽古に励んでいる多くのお姐さんたちの姿を見ている以上、自分もその道に外れることはできません。たしかに厳しい世界ではありますが、その分、なんと清らかな世界だったかと今改めて思います。

一月七日、「八坂女紅場学園」の始業式では「芸妓・舞妓の誓」といって、毎年こんなことを全員で斉唱します。

一、私たちは常に美しく優しく親切にいたしましょう。

一、私たちは祇園の伝統を誇りとし、心の修養につとめ、技芸の習得に励

ましょう。

一、私たちは善良の風俗を乱さないよう、清潔でありましょう。

一、私たちは京都の国際的地位を認識し、新知識の吸収に意を用い、視野を広めましょう。

一、私たちは常に良き風習を作り、皆さんから愛せられましょう。

いかがですか？　今時、名門の女子高でも言わないようなことばかりではないでしょうか。でも、これを一同で声を合わせるとき、心から「今年もそのように生きなければ」と思うのです。

始業式はこれ以外に、前年の売り上げ成績のよかったお茶屋さんや芸舞妓の表彰式が行われ、井上流、井上八千代師匠によって『倭文《やまとぶみ》』が舞われます。『倭文』とは記紀神話の「**天の岩戸開き**」のくだりを三世井上八千代師匠が振り付けした**地唄舞**。右手に鈴を持ち、左手で扇を扱いながら舞う、大変難しい舞です。

この舞の後、お屠蘇《とそ》をいただき、縁起物のおこぶとお豆をいただいて帰るとき、「また新しい一年が始まった」と、気持ちもキリリと引き締まる思いがするのです。

❖天の岩戸開き
素戔嗚尊が悪事をはたらいたことから「天照大御神」が天の岩戸に隠れてしまう。太陽の輝きは消え失せ、暗闇に覆われた世の中では、多くのわざわいが起こる。これを憂いた神々は、天照大御神を天の岩屋から出すための相談をし、岩戸の前で祝宴を開くことにする。宴に気づいた天照皇大神が岩戸を少し開けたところを、手力男尊が、岩戸を開け、天照大御神を岩屋戸からお出しする。世界に光と平和が戻ったという神話。

❖地唄舞
江戸時代初期に発生し、上方で主に盲人が三味線の弾き語りで歌っていたもの。地唄舞は、それに舞をつけたもの。

そんな新年の誓いを胸に通った「八坂女紅場学園」にはたくさんの思い出があります。たとえば、登校後の挨拶回り。ここでは登校するとまず、お姐さんたちがお稽古をしている各部屋へ挨拶をして回るのですが、慣れない頃はとても緊張しました。

女紅場はすべて畳が敷かれている和室。その襖の前に正座で座り、中のお姐さん方に声をかけます。返事を聞いてから中に入り、ご挨拶。この声のかけ方、襖の開け閉め、お辞儀の仕方、部屋に入ってから出て行くまでの立ち居振る舞いすべてが厳しくチェックされるのです。

慣れてしまえばなんてことはないのですが、最初の頃は注意されることが山ほどあり、それはそれは大変でした。こういうところから舞妓としてのお座敷での立ち居振る舞いが自然と身につけられていくのですね。

あとから思えば、女紅場は女性が美しくあるためのお稽古をするにはとてもふさわしい場所であり、大変よくできたカリキュラムになっていました。

この章では、そんなことを思い出しながらお話ししたいと思います。

京舞は祇園の誇り

普段はTシャツとスカートという格好をしていても、女紅場に行くときは着物を着て行きます。

私自身、日本舞踊をやっていたおかげもあって、着付けはどうにか自分でもできたのですが、東京と京都では違いがありました。

帯を締める方向が東京は「右から左」へなのに対し、京都は「左から右」へと逆。また着物の前の褄《つま》を東京がちょっとななめに引き上げて着るのに対し、京都では褄を上げずにゆったりと真っ直ぐのまま合わせます。

褄に関しては、実際は少し上げたほうが歩きやすいような気がします。この違いは「せっかちにスタスタと歩く江戸っ子」に、「おっとりゆっくり歩く京都」。そんな対比を想像してしまい、とてもおもしろく感じました。

そういえば、歌舞伎の名作『仮名手本忠臣蔵《かなでほんちゅうしんぐら》』の「一力茶屋《いちりきちゃや》の場」にこんなセリフがあります。

主君のあだ討ちを計画中の大石内蔵助（歌舞伎の役名は「大星由良之助《おおぼしゆらのすけ》」）は、敵の目をあざむくため、祇園のお茶屋で夜毎どんちゃん騒ぎを繰り広げています。

そのなか、急ぎの密書を届けさせる内蔵助が使い役に向かい、

「祇園を出てから急げ」

と言うのです。

その密書がどんなに急ぎのものといえども、祇園で走っていては人目について怪しまれてしまう。それを注意した言葉なのですね。

道行く人がみなゆっくりと歩く。

この歌舞伎が書かれた江戸時代、祇園はそういう街だったのでしょう。今もわずかではありますが、そうしたゆったりした空気が残っているような気がします。

もっとも舞妓時代の私は元気いっぱい、その街をおこぼで走り回っていましたが。

ちなみに、この「一力茶屋の場」のモデルとなっているのは、今も毎年『**大石忌**』をとり行っている「一力亭」です。四条通りに面してそびえたつ紅い

❖大石忌（おおいしき）
忠臣蔵の大石内蔵助が切腹した忌日。陰暦2月4日。太陽暦で3月20日。ゆかりのお茶屋、祇園の一力亭で、大石内蔵助を偲んで、舞を手向ける行事。一般には公開されていない。

（べんがら色の）壁は、現在も祇園のシンボルのひとつになっています。

話を戻しましょう。

着付けひとつとっても、東京との違いがある京都。なかでも、踊りは想像以上の違いがありました。

というのも、祇園甲部で踊られるのは「井上流」。数ある上方舞のなかでも、とくに京都の特色が出ている舞として「京舞」と呼ばれる〝ただひとつの〟流派です。

この井上流を舞えることが、祇園甲部の芸舞妓にとっては誇りともいえるものでした。

井上流の創始者である初代井上八千代が生まれたのは、江戸時代中期（一七六七）。当初、舞の指南役として近衛家に仕えていたのを「広く踊りで身を立てたい」と近衛家を辞し、井上流を生み出しました。

二世井上八千代がそこに能や人形浄瑠璃のエッセンスを加え、「人形ぶり」という井上流ならではの特色が作られたのです。

井上流が祇園甲部でのみ踊られるようになったのは三世のとき。明治五年（一八七二）の話です。

これには「都をどり」が大きく関わっています。

明治維新により東京が首都となり、明治二年（一八六九）には天皇陛下も行幸《ぎょうこう》（お移り）になったことで、京都はすっかり活気がなくなってしまったのだそうです。それをなんとかしようと、明治五年（一八七二）秋に「京都博覧会」が開かれました。そこでの余興として考えられた芸舞妓総出の舞台が「都をどり」のはじまりとなったのです。

「芸舞妓はお座敷で踊るもの」だった時代、大勢の芸舞妓が華やかに舞う舞台は京都の人々の熱狂的な喝采を浴びたそうです。

その仕掛け人が一力亭の九世のご主人と、三世井上八千代でした。

その喝采に後押しされ、「都をどり」は翌年の春にも公演されることになりました。そちらも当然大盛況となり、褒美として「今後、祇園甲部では井上流しか踊れない」ということになったのだそうです。

当時、花街ではいろいろな流派が入り混じり、しのぎを削る一面もあったようで、この褒美は井上流にとって大変意味のあるものになりました。

続く四世井上八千代は「人間国宝」という制度が始まった昭和三十年（一九五五）に、四十九歳の若さで「人間国宝」に認定された人物です。

三世の、それはそれは厳しい教えに耐え、舞の道を精進していく姿は『京舞』という新派の芝居にもなりました。

四世のお家元は惜しくも平成十六年（二〇〇四）、九十八歳で亡くなりましたが、ありがたいことに私はお亡くなりになる前、その教えを受けることができました。

といっても、お家元にお稽古をつけていただくようになるまでは長い時間が必要でしたが……。

井上流は女性しか踊ることのできない、女性のための舞です。

他の流派は男性が女役も踊るため、男性が「女性らしく見えるように」振り付けられているのに対し、井上流は女性のみが踊るため、あえて女性らしさを表現するようなことはなく、肩を下げたりするときもストンとただ下げるのみ。いわゆる「しな（仕草）を作る」ようなことは決して許されない舞なのです。

二世による「人形ぶり」という特色も、艶っぽさとは対極の直線的な動きを表現したもの。人形浄瑠璃の人形の動きをイメージしてもらうといいかもしれません。

これが私にとっては思わぬ難題となりました。

当時、女紅場では、井上流のお師匠方数人が指導にあたっていました。私としてはしなを作るつもりなどまったくなくても、身体に染み付いているのは東京で習った流派の「踊り」。身体の緊張感を大切にし、簡素ななかにも表現の豊かさが描かれているのです。

私は「普通に」足を出したつもりでも、井上流の師匠の目には「しなを作っている」ように映ってしまうのです。

そのたび、「それはよそのお流儀!」という厳しい声が飛んできました。

「けったいな足!　気持ち悪いことせんといて」

と言われたこともあります。

右も左もわからない花柳界に飛び込んだ私にとって、名取の祖母の血を引き、まがりなりにも日本舞踊を習ってきたということがたったひとつの〝心の拠りどころ〟でした。

ところがそれをしょっぱなから否定されてしまったのです。

その理由は、京都の「舞」と私がこれまで練習してきた「踊り」との違い。

私の場合ははじめから、

「よそのお流儀が入っているのを家元に見せたら大変なことになる。あんた、

❖張扇（はりおうぎ）
講談や落語で、ものをたたいて音を立てるために作られた専用の扇子。舞の稽古では、たたいて拍子をとるためなどに使われる。

一年はお家元のお稽古にいかんときよし」

とのお達しが下されてしまいました。

当時は目の前が真っ暗になりましたが、今思えば、これは師匠方の優しさだったのでしょう。その言葉通り、一年間みっちりと井上流の基礎から叩き込んでいただけたことはとても幸せなことだったと思います。もちろん、その稽古は大変厳しいものでしたが……。

張扇《はりおうぎ》の音が厳しく響き、一回のお稽古で、何度怒鳴られたかわかりません。

それでも、

「今はちょっと厳しくすると、すぐに辞めてしまう。昔に比べれば、ずいぶん優しくなった」

と言われていましたから、昔はどれほどの厳しさだったのでしょう。


そうやってお稽古をつけていただいたことは次回のお稽古までに、自分でおさらいしなくてはなりません。

どうしてもうまくいかないところはお姐さんに見ていただくのですが、このお姐さんがまた厳しいのです。

あるとき、両手にそれぞれ扇を持って舞う「二枚扇の舞」がどうしてもうまくできませんでした。

お稽古でも師匠に散々怒られ、ひとりで練習してもどうにもこうにもうまくできない。困り果てて、あるお姐さんにお願いし、お稽古をつけていただくことになりました。

……私の舞いがあまりにひどかったのでしょう。

お姐さんはそばにあったカセットテープを私に投げつけると、

「そんなん、怒られて当たり前や！　もう二度とあんたなんかにお稽古せえへん！」

と部屋を出て行ってしまいました。

私もビックリするやら怖いやら情けないやら……。

女紅場の玄関に座り込み、人目をさけながらもワンワン泣いてしまいました。

そこに別のお姐さんが通りかかって、「どうしたんや？」と声をかけてくれたのです。

私が泣きじゃくりながら答えると、そのお姐さんは私を怒ったお姐さんをわざわざとりなしに行ってくれました。

「あんたなぁ、あの子こんなして泣いてはったで」

その言葉にお姐さんも怒りをおさめ、「仕方ない。もう一回だけ見たげるわ」とお稽古をつけてくれたのです。

そうしてなんとか、少しは舞らしく舞えるようになりました。

そのとき慰めてくれたお姐さんというのが、普段はとても厳しく、いつも怒られていたお姐さん。

私があまりに泣いているので、かわいそうに思ってくださったのでしょうか。

祇園では、妹舞妓の不首尾は姉の責任になります。その分、姉は妹に厳しくなります。その様子を、そのまた上の姉たちが見ていて、厳しすぎたりしたときはフォローにまわるのです。

祇園全体がひとつの家族のようになっていて、叱り役、慰め役、まとめ役が状況によって入れ代わり立ち代わり……。見事にバランスがとれていたように思います。

私たちは、こうして親身になり叱ってくれるお姐さんたちの後ろ姿を見ながら生活をしていました。そこには、しっかりとした信頼感があるからこそ、叱られることに納得ができたのです。

しかし一転、自分が姉の立場になってみると、妹はなんとお気楽かと思うものです。

私の場合、妹たちを叱ることがなかなかできず、自分のお姐さんによく相談していました。

人を叱るというのは本当に勇気のいることです。

そして、それ以上に相手に対する思いがなければできないこと。

叱られることがほとんどなくなった今になって、その有難さ、あたたかさが身にしみるのです。

「井上流」の思い出

人間国宝でもあった四世の井上流お家元にはじめてお会いしたのは、祇園に行ってすぐのこと。

祇園の舞妓になるために「これからお稽古をさせていただきます」とご挨拶に行ったときでした。

紹介役のお姐さんに、

「あんたはとりあえず『おたの申します』って頭下げとき」

と言われ、何がなにやらわからないまま、お家元の前でひたすら頭を下げていました。

そのとき、ひと言、

「きばりよし」

とおっしゃっていただいたのを覚えています。

お家元はとても小柄な方でしたが、その小さな身体に見合わず、大きな存在感のある方だと思い知ったのは、女紅場に通いはじめてしばらく経った頃。女紅場にお家元がいらっしゃったのです。お家元が階段を一段一段上がるたびに、お稽古場の空気がピーンと張り詰めていくのがわかりました。

そんな状態ですから、「都をどり」でお家元にお稽古をつけていただく日の緊張感は表現のしようもないものでした。

本番さながらに五十人もの大人数で踊っているにもかかわらず、お家元の目はわずかなミスも見逃しません。

「そこの赤い着物！」
「ばかーっ！」

容赦ない怒鳴り声が飛ぶたびに、私たちはもちろん、お師匠方まで顔色が真っ青になるのがわかります。まさに劇場中が凍りついたよう……。

あの空気を思い出すだけで、今も心臓がドキドキしてしまうほどです。

私がはじめて「都をどり」で舞ったのは、祇園に来てから十か月ほど経った頃。

すでに舞妓になっていたとはいえ、まだお家元の前に出る許しは出ていませんでした。

その事態に、いちばん四苦八苦したのは私の直系のお姐さんです。妹の失態は姉の責任になるのですから。

お座敷が終わってから、私に踊りの稽古をつけ、お家元がお稽古にいらっしゃる日は極力、私がお家元の前に出ないよう、後ろのほうで踊るように気をつかってくれました。

そんな私も衿替えから一年ほど経った頃、ようやくお家元に一対一でお稽古をつけていただけることになりました。

稽古の日は、それはそれは緊張しました。

けれども、お稽古場の空気すべてがお家元から放たれる空気と一体化し、私の中まで満たされたとき、心がすうっと研ぎ澄まされ、集中していくのを感じました。

お家元は私の舞を見ながら、「おい、あっち」とか「おい、こっち」とかおっしゃる。

そのとき、お家元が張扇で差すほうに視線を向けながら、膝や手の動き、扇の扱いなども見ておかなければなりません。

お家元の少ない動きのなかには、吸収しなければいけないエッセンスがたくさんつまっているのです。

ひとときも気を抜くことができませんでした。

少ない動き、そして言葉の奥にある、お家元の思い。

それを察せられないうちはお家元の稽古を受ける資格はないのだと思いました。


お家元の稽古が厳しいのは、舞に対する情熱の表れ。そして、ご自分にも大変厳しい方でいらっしゃいました。

お家元の体調を気づかって、師匠方がお稽古にいらっしゃるのを止めても、

「いやぁ、ちょっとだけでも」

と、いらしていたのが印象的です。

「では、ご覧になっていてください」と言われても、どうしても口を出さずに

はいられないようで、やはり大きな声で怒鳴っていらっしゃいました。

「舞一筋の人生です」

深く重い、お家元の言葉です。

自分の好きなもの、「これ」と決めた道に、生涯情熱を燃やし続ける。

京都には、お家元を筆頭にそういう方々がたくさんいらっしゃいました。

たしかにとても厳しい世界ではありましたが、十代でそういう見事な生き様を目の当たりにできたことが、私にとってどれほどの財産になったかわかりません。

「こういう人たちに恥じないように、自分もしっかり生きなければいけない」

こうした思いが、十代の私の心に、しっかりと根付いていました。

おもてなしの心

茶道も大変意義深いお稽古のひとつでした。

「都をどり」が行われるとき、幕間にはロビーで芸舞妓がお点前を披露し、お客様にお茶を振舞います。

上七軒の芸舞妓は毎年、北野天満宮の梅花祭で野点をしていますし、そのほか着物の展示会などのイベントに呼ばれたり、京都の芸舞妓は何かと人前でお点前することが多いのです。

このお茶のお稽古の時間が私はとても好きでした。

舞のお稽古の合間、女紅場にあるお茶室に行くだけで心がすーっと落ち着いたものです。

舞のお稽古で疲れていたり、師匠に怒られて落ち込んでいるときも、お茶のお稽古をしている間は穏やかな気持ちになれたのです。

若かったので「お菓子が食べられる」という理由もあったのですが……。喫茶店にも自由に行けない身の上には、たとえ薄く切ったようかんでも、とてもおいしく感じたものです。

先生やお姐さんのお点前は動作ひとつひとつが美しく、一定のリズムがありました。そのお点前を見ていると、空気はピンと張り詰めているのに心はどんどんと穏やかになっていきます。

お茶室は日常生活から切り離された世界。そこにあるのは、「おもてなしの心」とそれを「ありがたく受け取る感謝の心」です。

当初、お茶のお稽古ではお点前の手順を覚えるのに必死だった私も、お座敷に出るようになり、手順よりもそのなかでの立ち居振る舞いが重要だったということに気づきました。

お辞儀の仕方や襖の開け閉め。

お道具を扱うときの指先への気配り。

お客様へのお茶の出し方。

これらひとつひとつがお座敷での自分にいきてきたのです。

お客様にお料理をお出しするとき、お皿を持つ手に自然ともう片方の手を添えている自分。何かを手渡すときも、自然とひと呼吸おける自分。

この〝ひと呼吸〟……、〝間〟というのでしょうか。これがあるだけで、相手の方に非常にていねいに、心を込めたように映ります。

それがお茶のお稽古を重ねることによって、自然と身についていたのです。

立ち居振る舞いをはじめ、花街の教育システムというのはまことにうまくできていると思いました。

お座敷だけでなく現在にいたるまで、お茶によって受けた恩恵というのは数え切れないかもしれません。

まずは感情をコントロールできるようになったこと。

お点前というのは、たとえお稽古といえども緊張するものです。最初の頃は**お茶杓**を取る手が震えるほどの緊張感を覚えます。

それを「調和」というゴールへ向け、自分を制していくのです。

ご指導くださる先生をはじめ、お客様の目は一身に自分に注がれています。

自分の心臓の音が聞こえるほどの静寂。

❖**お茶杓**

お茶入れから茶をすくい出す道具。茶道のお点前は、お茶杓をはじめ、道具のひとつひとつを扱うにも、決められた作法がある。

静かなお茶室に響く、お茶碗にお湯を注ぐ音、お茶を点てる音……。冬にはお釜の沸く音が温かさを、夏には水を注ぐ音が涼しさを運んでくれます。

そのなかでお稽古を続けるうち、少しずつではありますが心をシンと落ち着かせ、調和へとコントロールする呼吸というものがつかめるようになってきます。

あわただしい生活のなか、日常の雑事すべてから隔絶された世界を、週に一度でも、月に一度でも味わう。それにより雑事でギュウギュウだった心にゆとりがもたらされる感覚に気づくはずです。

また私の例で申し上げれば、食事をとるときの姿勢、物を取るときの指先にまで神経を行き渡らせる感覚、日舞を舞うときの動きひとつにも深まりが出たことはたしかです。

四畳半という狭い空間で繰り返されるお稽古。そのなかにはありとあらゆる「決まりごと」があります。

足運び。姿勢。お道具の扱い方。このひとつひとつの決まりごと、形のなかに意味があります。

お茶杓を三回に分けてふく。それは「お道具とお客様と自分」という三者の世界にも通じます。自分を大事に思うようにお道具を大事にする。お客様を大事に思うように自分のことも大事にする。

そんな心が日々の動きにまでも表れてくるのかもしれません。


「お茶のお稽古をすることで、人ばかりでなく物にまで感謝できるようになった。それは今までの自分の生活にはなかった感覚でした」

茶道をされている方のなかには、そうおっしゃる方が多いなと思ったとき、気づいたことがありました。

お会いした翌日に「昨日はありがとうございました。とても楽しかったです」というメッセージがくる。

こちらが困っているときにはさりげなく、「何かお手伝いすることはありますか?」「こんなことくらいしかできませんが、お役に立ちますか?」と伝えてくれる。

日常のやりとりのなか、相手に気を使わせぬよう、ごく自然にそんな気づかいを見せてくださるのは、茶道をされている方が多いように思うのです。

おもてなしの精神。そして年齢、性別、職業に関係なく、ともにひとつの道を学び、楽しく精進していこうとする精神が、そういう人間性を培っていくのでしょうか。

深いご近所づきあいのないことが当たり前になって久しい今の日本で、昔の日本人ならではの人づきあいを見る思いがいたします。

その場その場で相手の状況を察し、さりげなく優しさを送れる間合い。

それはこれからの時代ではとくに、すべての人間にとって必要な「人間的なスキル」のように思われるのです。

女性らしい愛を育む

必修ではないのですが、お華も大好きなお稽古でした。

先生は当時七十歳を超えていた、とても穏やかで優しい方でした。「とにかく楽しく活けなさい」というのが先生のいつもの言葉。

おかげで、毎回心静かに楽しみながらその時間を過ごすことができました。

指導のときも、

「ここはこんなふうにしてもいいのではないかしら？」といった具合です。

決して「こうしなさい」とはおっしゃらない。

でも、そう控えめにおっしゃりながら、先生がささっと花に触れると、まるで違う作品のように美しく調和が取れてしまうのです。

枝を切るときの潔さ。剣山に刺すときの迷いのなさ。

穏やかさの裏に、凛とした強さを感じさせる方でした。

私はといえば、最初のうちははさみも上手に持てず、鋭くとがった剣山が怖くて、かなりビクビクしながら活けていました。

でも徐々に剣山に触れることに慣れてくるに従い、そこに刺したときの花の感覚もわかるようになってくるものです。

花が今、どんな感覚を与えられているか。茎によって強くグサっと入るものもあれば、やわらかくふにゃっと入るものもあります。

その瞬間、「痛かったね。ごめんね」と思うのとともに、「きれいに活けてあげるからね」と花に語りかけている自分がいました。

目の前にあるたくさんの花。

「次はどれを活けよう」

「どんなふうに輝かせてあげよう」

そんな気持ちから、お稽古がはじまります。

花を愛でる気持ち。その花を作り出した自然に感謝する気持ち。

花を活けるうち、そういうものがどんどんと自分の中に芽生えてくるのを感じていました。

季節感が磨かれるのはもちろん、もっと自然が近しいものになっていく、そんな感じでしょうか。

さらには、活けているうちに、思いもかけないその花、その花の個性が見えてくるようになりました。

「主（メイン）」にしようと思っていた花が「添え（サブ）」にいったほうが美しく見えたり。目立たない花が作品全体を締めるような重要なポイントを担ったり。お華のお稽古で得たそれらの経験は、私に新しい感性を与えてくれました。

たとえば、人間にも同じことがいえるのです。主がいて、脇がいて、世界は成り立つ。引き立たせる側にも素晴らしい役目があるのです。

各々の個性を理解して、最適な役割を与えられたとき。その役割のために自分の力を精一杯発揮したとき。花も人もいちばん美しく輝くのだと思いました。

何も、中心にいることが「輝く」こととは限りません。

声高に主張しなくとも、自分の役割を精一杯果たすことがしっかりと自分を輝かせることになり、ひいては全体のためにもなる……。

それはとても日本的な感性ではないでしょうか。

また、活け花には性格や、その日その日の気持ちがよく表れます。

活けたものを客観的に見ることによって、それまで気づかなかった自分に気づいたりもします。

「今日は何だか元気がないな」

「小さくまとまろうとしているな」

花を見ることによってそんな自分に気づくとき、自分のこともありのままに受け入れ、愛せるような気がしてくるのです。

芸舞妓さんは女性でありながら、案外と男性的なエネルギーを持っている人が多く、舞のお稽古はその最たるものでした。舞は、そういった強さや厳しさが必要とされるもの。そんな強さのぶつかり合いといっていいかもしれません。ただ、だからこそ、その厳しさが見る側にとってたおやかな舞となって表れてくるのです。

そんな厳しいお稽古のなかで、お華のお稽古は、優しい穏やかな気持ちになれる貴重な時間でした。

今も花に向かい、「どうやって引き立たせてあげよう」と思うとき。自分の中に、女性らしい愛があふれてくる気がいたします。

さまざまな伝統芸能に触れて

女紅場の始業式で、井上八千代師匠によって舞われる『倭文』。

これは記紀神話の「天の岩戸開き」のくだりを三世井上八千代師匠が振り付けしたものですが、京都に行くまでその地唄舞をよく知らなかった私は、これが神話に触れるきっかけとなりました。

また「都をどり」でも必ず、神話を題材にした舞が演目に組まれます。

日本が誕生し、国家が成立していくまでの成り立ちを伝える『古事記』や『日本書紀』。

祇園で生きることは、日本の伝統文化を受け継ぐこと。そのためには国そのものの成り立ちもしっかりと勉強し、次の世代に伝えていかなくてはいけない。そんな意識があるからでしょうか。

私も折に触れ、とくに『古事記』を紐解くようになりました。

『古事記』には日本の成り立ちはもちろん、日本人の思考や情緒、行動の様式がとてもわかりやすく描かれています。

登場するのは「神様」とされる人物です。でも物語のなかで描かれているのは、親子、兄弟、夫婦の間で交わされる情愛、嫉妬、悲しみ……といったさまざまな感情。その感情の機微は現代に生きる私たちとまるで変わらないのです。

はるか太古の昔に起こった出来事、長い時間をかけて脈々と語り続けられてきたことが、まるで自分のことのように理解できる。

日本人という民族、まぎれもなくその血を受け継いでいる「日本人としての自分」を感じる瞬間です。

それは言葉では説明できない〝安心感〟を心に植え付けてくれます。自分の基がしっかりして、心にエネルギーが入ってくる、ぐっと地に足のつく感じがするのです。

何か気持ちが落ち着かないことがあったときなど、ぜひ一度『古事記』を読んでいただきたいと思います。

さらに京都での生活はさまざまな伝統芸能との出逢いを私に与えてくれまし

た。

やはり自分が生まれた国で、長く愛され受け継がれているものに触れることは大切なことです。

お稽古すればしただけ、それがたとえ一日限りの体験であっても、または鑑賞するだけでも、確実に日本人としての自分の血となり肉となります。

それも遺伝子のなせる業なのでしょうか。

伝統芸能に触れると、触れた分だけ日本人としての自分の根っこが太くなるような気がするのです。

どれだけ勉強ができても、語学が達者でも、自国のことを語れない人間は海外では信用されません。自分の国を理解し、誇りに思ってはじめて、異なる国の文化や歴史を理解し尊重することができる。単純に、これだけ素晴らしい文化のある国に生まれていながら、それを知らずに過ごすのはもったいないとも思うのです。

予備知識がないと、敷居が高そうで二の足を踏んでしまうものですが、ぜひ気軽に伝統芸能に触れることからはじめていただきたいなと思います。

一回目よりは二回目、二回目よりは三回目。確実に自分の中で何かが変わっていくのがわかるはずです。

かくいう私も、歌舞伎をはじめて見たときはなんのことやらさっぱり理解できませんでした。

十二月の「顔見世総見」で桟敷席に座らせられたのですが、当時の南座の桟敷席は足が下ろせない作りになっていたのです。

歌舞伎を見ている間中、ずっと正座。

向かい側にはお姐さん方が座っているし、一般のお客様の目もあるわけですから、足を崩したりモゾモゾするわけにはきません。

つらくてつらくて、正直、歌舞伎を楽しむどころではありませんでした。

けれども、二回目、三回目と鑑賞するに従って、「素敵だな」と思うところが増えてきたのです。優雅な舞に「ああ、私もこんなふうに舞いたい」と思ったり、着物の着こなしを参考にしたり。

歌舞伎だけでなく、文楽や能、狂言などは、楽しみつつ日本の古典文学に触れることもできます。激しい恋に身を焦がすヒロインに「いいなあ」などと憧れたこともありました。

余談になりますが、私の場合、自分の人生ではなかなか経験できない、そんな激しい恋も日本舞踊のおかげで経験することができました。

日舞はおすすめです。

たとえば女優になったとしても、お芝居のヒロインはなかなか経験できるものではありませんが、日舞の場合、だれでもヒロインを演じることができます。身も心もその人物になりきって舞ううちに、それまで出逢ったことのない自分に出逢えたりもするものです。

美しい着物に身を包み、化粧をし、晴れの舞台で自分以外の人間の人生を演じる。自分以外の人物を演じることはその人物の心の動きを想像し、自分の心と身体を使って再現することです。

それが想像力や感性を磨くことにもつながり、心豊かな、花のある人生への扉を自然と開いていくように思います。

第三章

お座敷から学んだこと

はじめてのお座敷

およそ一年ほど「仕込み」として祇園のさまざまなことを学び、一〜二か月の「見習い」と呼ばれる期間を経ると、いよいよ「お店出し」。すなわち「舞妓としてのデビュー」が待っています。

「見習い」とはお座敷の実地訓練期間。お姐さんのお座敷についていき、その雰囲気、お客様のもてなし方などを実際に見て学ぶのです。

舞妓と同じように装いますが、帯は半分の長さの「半だらり」。たもとも半分の長さです。

私は祇園にいくのが年齢的に遅かったため、通常よりも早め、およそ十か月ほどでお店出しとなりました。

そんな、まだ祇園にも十分になじんでいない私ですから、はじめてのお座敷は大変緊張いたしました。

お客様の話すことを「へえ、へえ」と言いながら聞くのが精一杯。

あるお座敷では、なにやら『突撃ー！』っていくんや」と話していらしたお客様に、

「お前も一緒に『突撃！』って言わんかい」

と言われました。お客様に言われたことですから、素直に一緒に「突撃ー！」と言わせていただいたところ、お座敷は大爆笑。

そのお客様は当時七十歳を過ぎていらして、戦争中の話をされていたのです。「突撃！」という号令とともに勇敢に戦ったというお話が途中から女性に対しての「突撃」になり、ちょっとエッチなお話になっていたそうで……。

十八歳の私には戦争のことも、男女の間のこともわかるわけがありません。七十歳の方と対等にお話しする機会もそれまでありませんでしたから、当初はどんな話をしていいのかすらわかりませんでした。

けれど、祇園にいらっしゃる七十代の方はそれまで私が知っている七十代とはまるで違うのです。〝おじいちゃん〟といったイメージなどみじんもなく、みなさんとてもエネルギッシュ。かえって一緒にいらしている若い方のほうが元気がないくらいに見えました。戦後の大変な時代を生き抜き、この国を再建さ

せていった方々ですから、パワーの質量からして違うのです。まさに「逆境は人を強くするのだな」と感じさせる方ばかりでした。

また、そのくらいの年代で祇園にこられる方々は社会的に成功されている方がほとんど。そうした人生を築くには、やはりパワフルでなければならないのでしょう。

当時はそんなふうに、お座敷でお客様が話されていることもよく理解できない状態でしたので、お店出しをしたばかりの舞妓に「お座敷ではあまり話すな」という祇園のならいの意味もよくわかります。話したとしても「へえ」「おおきに」「おたの申します」くらいでいいと言われ、お客様がどこからいらした、どういう方なのかも教えてもらえません。

最初は不安でしたが、自由に話せたところで気のきいたことが話せるわけでもなく、お客様のことを教えてもらったところでその職業や事情に合った話ができるわけでもないのです。

それに気づいてからは、とにかく「へえ、へえ」で通すことにしました。

あるお座敷で、いつものように「へえ、へえ」とお客様の話をうかがっていたところ、お客様がお姐さんに、

「この子は『へえ、へえ』って、ようく人の話を聞きよるな」

とほめてくださいました。

そこで、お姐さんが答えた言葉。

「へえへえ言ってても、本当に聞いているかはわからしまへんえ」

見抜かれているなあ……と思いました。

話の内容以前に、舞妓になったばかりの私にはお客様の話を集中して聞けるほどの余裕がなかったように思います。

つねに、お姐さんが何か欲していないか、困っていないか気配をうかがい、お客様を見回してはお猪口にお酒が入っているか、退屈している方がいないかを、注意しなくてはならないのです。

はじめの頃のお座敷は、このように緊張したものとなりましたが、数を重ねるにつれ、だんだんとお座敷での対応が身についていきました。

信頼されるお客様

見習いから舞妓になって、いちばん違ったのはいろいろなお茶屋さんに行くことでした。見習いのときは「見習い茶屋」といって、お座敷に出させていただくお茶屋さんが決まっていますが、舞妓になるとあちらこちらのお茶屋さんのお座敷に呼ばれていくことになるのです。

「お店出し」の日、男衆さんに連れられて、百軒近くのお茶屋さんをご挨拶して回るのも、

「これからどうぞよろしくおたの申します」

という顔見せの意味合いが大きいのです。

総重量が10キロほどある**舞妓の衣装**を身につけ、高く歩きにくいおこぼで百軒近くを挨拶をしながら回るのはかなりの重労働です。左手で、長い裾を長時間持ち歩くため、なかには左手が腱鞘炎になってしまう舞妓もいるほど。

それでもやはり晴れがましい気持ちになるものです。

❖舞妓の衣装

舞妓の衣装はすべて正絹。重さはおよそ10キロとも言われている。裾を引きずるので消耗も早く、また季節ごとの着物や帯が必要なため、「お店出し」には、かなりの費用がかかる。最近では観光客への衣装の貸し出しもあり、舞妓の雰囲気を体験できる。

舞妓になった当初は、大抵はお姐さんと一緒のお座敷です。ひとりで出ることになったとしても、お茶屋の女将さんが一緒にいてくださいます。

「今度お店出しした真澄です」

と、私の名前をお客様に紹介してくださりながら、女将さんとしては新人舞妓のお座敷での様子を鋭くチェックする場になっているようです。

どれくらい気が利くか、芸はきちんと身についているか。

そこでおめがねにかなうと、次のお座敷にも呼んでもらえるようになります。といっても、大人数でのお座敷。まだまだその他大勢、にぎやかしです。

そうして一年くらい経つと、おなじみのお客様もでき、ようやく指名のお座敷がかかるようになるのです。

あるとき、お客様が帰られたあとで泣いてしまったことがあります。

はじめてのお客様をお相手に、ひとりきりでお座敷を勤めたのですが、

「あんた、京都の子とちゃうやろ。そんなけったいな京都弁でしゃべって」

と言われてしまったのです。それがたまらなく悔しくて。

「なんで、あんなキツイ言われ方せななりまへんの。もういやや！」

置屋に戻ってお母さんに泣きついたところ、逆に怒られてしまいました。

そのお客様はお母さんが大事にされているお客様だったのです。

「あのお客様は厳しい言い方をされるかもしれないけど、裏切らないお客様なんえ。だからお母ちゃんは長いことお付き合いさせてもうてるねん」

そう言われては、何も言い返せません。

京都弁がまだ板についていないのも事実でした。

京都弁に関してはとくに女紅場で授業が設けられているわけではありません。日々の暮らしのなかで、お母さんやお姐さん方が話しているのを聞きながら、自分で覚えていくのです。


そんな苦い経験からしばらくして、ショックからもそろそろ立ち直った頃。またそのお客様のお座敷に呼ばれました。

「また怒られたらどうしよう。今度は何を言われるか……」

怖くて怖くて、ビクビクしながらお座敷に向かいました。今考えると、お母さんに試されていたのかもしれません。

今回は前回と違い、お姐さんたちも一緒。そこは少し安心でもあったのですが、「部屋の温度は大丈夫かしら」とか「お酒は足りているかしら」とか、ちょっとした粗相もないよう、ずっと緊張したままでした。

どれくらい時間が経ったでしょうか。

ずいぶん場もほぐれた頃に、そのお客様と目が合い、自然にお互いニコっと笑い合えたのです。

そのときです。

「その笑顔が大事なんやで」

お客様のその言葉にハッとしました。

私はいつも周りの顔色ばかりが気になって、笑顔になれていなかったかもしれない……。お母さんからもいつも、

「陰気な顔したらあきまへんえ。いつでも笑顔を忘れないこと」

と言われていたのに。お母さんがどうしてこのお客様のことを信頼しているのかがわかった気がしました。

祇園にはこの方のように、新人舞妓を立派な芸妓へ育てようとしてくださるお客様がたくさんいらっしゃいます。

お店出しの頃から見守り、舞ひとつをとっても、努力すれば「うまくなったなあ」ときちんとわかってくれるのです。

また「都をどり」や「温習会」などもちゃんと見に来て、応援してくださる。衿替えの準備に必要な、かつらや衣装など新たに用意しなければならないものがたくさんあるときは、それに見合った援助もしてくださる。

そういうお客様が増えてくれれば、芸舞妓も頑張らないわけにはいきません。というと、「やはり祇園でなじみになるのにはお金がかかるなあ」と思われてしまうでしょうか。けれど、祇園では「お金があるから遊ばせろ」というお客様はお断りしています。

「一見さんお断り」の意味は、お金のあるなしではなく、人間的な信頼があるかどうか。

祇園は女ばかりの街。しかもお茶屋はそのまま芸舞妓たちの住居であることも多く、そこに男性を入れるのは用心が必要だったからという説もあります。

また「時のお金ほどあてにならないものはない」というのが祇園の考え方です。たまたま成功して大金を手にしても、人間性が伴わなければすぐに失ってしまう。お金があるからといって人間的に優れているとは限らないし、もちろん偉いわけでもないのです。

「祇園で芸妓をあげて遊ぶ」というのがある種のステイタスになるということもあるのでしょう。時のお金を手にしたお客様が多くいらした時期もありました。しかし、身についていないお金を使う様は、どこかむなしく映るものです。

何度かそういうお座敷に出させていただいたこともありましたが、そのたび、どこか物寂しい思いがしたものです。そして、そういう方はやはり、祇園とのお付き合いが長く続くことにはなりませんでした。

お金の使い方、遊び方にはその方の人間性が表れます。そこで信頼できる方というのが、祇園で歓迎されるお客様なのです。

あるお客様は年に数回しかお目にかかれませんでしたが、いらっしゃるたびに「元気にしていたか？」と大変優しく気にかけてくださいました。そして、

「最近はどんな本を読んでるんだ？」

「一日に少しでもいいから新聞を読むようにしなさい」

などとおっしゃり、お会いするたびにさまざまなことを教えてくださいました。

そのお客様のお座敷は何があっても「行きたい」と思ったものです。

祇園の芸舞妓とお客様の間にあったのは「心の交流」。

そこにあるのは、お金も役職も年齢も関係ない、ひとりの人間同士としてのあたたかい付き合いだったような気がいたします。

色気は一瞬

祇園に来てからというもの、置屋のお母さんに繰り返し言われていたのが、

「挨拶を忘れてはいけませんえ。道で見たことのある顔に会うたら、まず挨拶しなさい」ということ。

これはうちのお母さんに限ったことではないようで、昔から
「舞妓は電信柱にも挨拶する」

と言われるくらい、祇園を歩いている舞妓はとにかく挨拶をします。

さらにお店出しの日が近づくにつれ、

「とくにお茶屋の女将さんや仲居さんへの挨拶は、しっかりとせなあきませんえ」

と言われました。

それがいちばん大事なことのように言うお母さんに「それよりもお客様への接し方を教えてもらいたいのに……」と思ったのですが、実際さまざまなお茶

屋さんに行くことになって、その真意がよくわかりました。

はじめて呼ばれたお茶屋さんなどはお手洗いの場所もわかりません。

「桜の間に行って」

と言われても、それがどこだかさっぱりわからない。

女将さんや仲居さんのお世話にならなければ、お座敷に出るのもままならないのです。

「あの子はいつもニコニコ、元気に挨拶するええ舞妓やな。応援してあげよう」

と思ってもらえれば、これほど心強いことはありません。

それはお姐さんたちに対しても同じこと。

どんなに器量がよくても、舞がうまくても、

「ご贔屓さんを増やせば、何をしようと文句はないのやろ」

という考え方では祇園ではやっていけません。

すべてが「和」で成り立っているのが祇園なのです。

この「和」は、聖徳太子の有名な言葉「和をもって貴しとなす」の「和」。

年長者を敬い、年長者は下の者を正しく導き、そして互いに思いやる心を大

切にする精神。

お客様を心地よい雰囲気でもてなすには、まず自分たちの中に「和」がなくてはならないのです。

お座敷で自分だけ目立とうとすれば、「和」は崩れ、お座敷の空気が乱れます。スタンドプレーでご贔屓にしてくださるお客様を獲得したとしても、その話はすぐに祇園中に知れ渡り、日々気まずさの中で生活しなければならなくなる。

その道を選ぶ芸舞妓はまずいないと言っていいでしょう。

意外に思われるかもしれませんが、祇園ではお座敷で色気を出したり、媚を売ったりすることもタブーとされています。

井上流の舞がしなを作って舞うのを嫌うのと同じです。

お座敷でお客様に対して色目など使おうものなら、

「ヘンな子」

というレッテルを貼られてしまいます。

お茶屋さんでも、

「ああいう子には、大切なお客さんはつけられへんわ」

という評価になる。

祇園で求められるのは、お客様に「心地いい時間を与えること」。

そして、その「心地よさ」は長く続くものでなければならないのです。

いつ行っても心地いい。行けば行くほど、付き合いが長くなればなるほど増していく心地よさ。

それに対し、「色気は一瞬」と言われます。

色気でお客様の気をひいても長続きはしない、というのが祇園の考え方なのですね。

大切なのは、「和を重んじる人間性」。

付け焼刃ではない、身体全体からにじみ出る魅力です。

そのため、祇園では舞を習わせ、お茶を習わせ、歌舞伎や能などいいものを見せ、何万人という芸舞妓を作り上げてきたのです。

自分自身についてはよくわかりませんでしたが、私も祇園の芸妓となり、何人もの新人舞妓を見ていてわかったことがあります。

舞にしろお茶にしろ、日頃から一生懸命に励んでいる舞妓は、お座敷に入ってくるときのお辞儀ひとつ、お客様にお酌するときの指先の動きひとつが上品で美しいのです。

お稽古を十分にしたことが本人の自信になり、また余裕となって表れるのでしょう。

そういう子は間違いなく、人気舞妓となっていきます。そこで慢心せず、もし、したとしてもすぐに自らを戒め、いっそう精進する子はやはり、あれよあれよと輝きを増していく……。

姿かたちからくるのではない、なんともいえない美しさ、よい雰囲気が漂いはじめるのです。

それは意識して出す色気などは太刀打ちできないほどの魅力です。

何かと姿かたちにばかりにとらわれることが多い現代ですが、内から表れる美しさ、美しい雰囲気をもった女性は、やはり心の輝きをもっているように思います。

本来、「日本人が感じる美」とはそういうものではなかったでしょうか。

まず自分の心を開く

お客様をもてなす、といってもさまざまな方法があります。

パッとにぎやかな雰囲気が好きな方。

静かに落ち着いて飲みたい方。

お客様によって好みも違いますし、その日の気分によっても対応の仕方が変わってきます。

おなじみのお客様でしたら、

「このお客様は○○姐さんのことがご贔屓だから、あのお姐さんみたいな感じで接するのがいいんだろうな」

などと想像して、まずはその方向で振舞ってみます。

ただ、お客様はほとんど初対面。

その方がどういうお仕事をされているのかも、どんなお人柄なのかもわからない。

でも不思議なことに、自分でさまざまなお座敷を体験し、また一緒にお座敷に出ているお姐さんたちを観察し学んでいくうちに、初対面のお客様でもなんとなくわかるようになりました。お話しさせていただきながら、その人柄を肌で感じとっていく、とでも言いましょうか。

ひとつ言えるのは、

「人とは、自分が求めているものを相手に知らせるために、たくさんのサインを出しているものだ」

ということ。

もちろん無意識でしょうが、「ほめてほしい」「なぐさめてほしい」「明るい気持ちにしてほしい」などなど、口には絶対出さないこともサインは雄弁に伝えてきます。

そのサインを感じるためには、まず話を最後まできちんと聞くことが大切です。

途中で口をはさんでしまうと話の流れが変わってしまいます。そのため、お客様が本当に話したかったこと、本来感じ取らなければいけなかったことまでもどこかにいってしまうのです。

まず、話を聞いているときは、話されているお客様の表情をそれとなくうかがっています。

「目は口ほどにものを言い」とはよく言ったもので、楽しい話をしていても目が笑っていなかったり、口では「かわいそうに」と言っていても目がちっとも優しくなかったりするのはよくあることでした。

口角も、その人の心情をよく表すものです。

表面上はなごやかにお話しをしながらも、なんとなく口がへの字に下がっているときは「楽しくないのかしら」と不安になったものです。

そのお客様のことがよくわかっている場合は、その方の行動パターン、心理パターンをよく理解しておくのも大事なことでした。落ち込んでいるときも変になぐさめられたり、気をつかわれるのが嫌いな方もいれば、「気をつかっている」ということをしっかりと感じさせなければ寂しがる方もいらっしゃいます。

それらのことを頭に入れながら、まずは話を最後まで聞くのです。

また、そうして集中してお話を聞くなかで「声」も実にさまざまなことを表現するものだということに気づきました。

人は自信のあること、大事に思っていること、しっかりと伝えたいことなどを話すときはお腹から出てくるような深い声を出します。

お客様の声からそういう深さを感じたときは、とくに敬意をもってお話をうかがうようにするのです。

こちらの胸の中に敬意があれば、特別に「すごいですね！」などとほめたたえなくても、その心はお客様に必ず伝わります。それは上っすべりな賞賛の言葉よりも「しっかりと受け止めてもらえた」という満足感となって相手に伝わるのです。

相手の声、目、口角、行動、会話の内容。

これらのなかに、相手を知るためのサインはいくらでも発信されています。何もお座敷でなくても、たとえば友達や家族と話しているとき、そういうサインを感じたことはどなたにもきっとあるはずです。

感じたサインはちゃんと受け取って対応すること。

すると相手もその「心」を感じ取り、思いに応えてくれることでしょう。

さて、お座敷には変わったお客様、困ったお客様もたくさんいらっしゃいました。

こちらがいやがることをわざわざする人。

怒らせようとする人。

おさわりをする人。


そういう方々の対処法はひとつでした。

それは「こちらから心を開く」こと。

たとえば、ニックネームをつけてしまうのです。

またはお座敷に入って目が合った瞬間、

「あ、このあいだ〇〇しはったお客様ですね！　今日もあんなことしはるんですか？」

などと言ってしまう。

自分から心を開いて、こちらの仲間に引き込んでしまうのです。

親密度が上がると、ひどいことはできなくなるのが人間。

人は情の生き物ですから。

それにお座敷は昼間のうっぷんを晴らしにくる場所ですから、いろんな方がいて当然。それをいちいち気にしていては、自分の中にストレスがたまるだけです。

自分から無理やりにでも心を開くと、開いたその瞬間に胸の中がすっと軽くなるのがわかります。またそうすると、相手もそれを受けとめてくれる場合が多いのです。

普通に生活していても、仕事など、やむを得ない事情で気が合わない人と付き合わなければならないときがあります。

そんなときはぜひ、別れ際にその人のいいところを探してお伝えしてみてください。

どんな人にも必ず長所はあるはずです。それを見つけて伝える。

ただそれだけで、次に会ったとき、相手のこちらに対する対応が違っていることに気づかれるはずです。

たとえば、こんなことがありました。

祇園で、多くの芸舞妓に嫌われているお客様がいらっしゃいました。

とにかく人の気持ちを試すように、こちらがいやな気分になることばかりされるのです。

ある晩、そのお客様を外までお見送りに出たときのこと。

「手が汚れた」

とおっしゃるので、私のハンカチをお渡ししたのです。そのお客様は自分の手をふくと、ハンカチを私の足元にポイと投げ捨ててきました。

お座敷では努めてなごやかにお相手してきた私も、最後の最後でのそのやり方にはたまらず「カチーン!」ときましたが、祇園で過ごした時間の長さでしょうか。

「ああ、よかった。落としてくれはったおかげで、このハンカチ洗えるわ」

と、笑顔で拾うことができました。

そして、そのお客様に向かってもうひと言。

「思いもよらんことばかりしはるから、お客さんが来はるとおもろいわ」

と、本当に楽しそうに語ってみました。

その言葉に、ことの成り行きをじっと見守っていたほかのお客様が笑い出し、一転明るい雰囲気でそのご一行様をお見送りすることができました。

おもしろかったのは、そのお客様が次にいらしたときのこと。

明らかに、私に対する態度が違うのです。これまでの態度が人を人とも認めていないものだとしたら、明らかに対等、ともすれば尊敬が込められているようなものに変わっていたのです。

どうやら「お客さんが来はるとおもろいわ」と言ってもらえたのが嬉しかったようなのです。

人とも認めていない者にほめられたのが嬉しい、というのもおかしな気がしますが、人間はみな自分のことを認めてほしいもの。認めてくれないから反発もするし、気をひこうといじわるな行動にも出る。

一転、認めらてもらえれば、その分認めてくれた相手に対する親愛の情が増す。だからまず、自分から相手に対し心を開き、相手を認めることが大事なのだと思いました。

お座敷でたくさんの方々に出会うなかで感じたこと。

それは、自分の周りにいる人は自分自身を写す鏡だということでした。

自分の中にトゲトゲした気持ちがあるとき、相手もトゲトゲした気持ちを返してきます。

トゲとトゲでは、楽しい気持ちになるはずもありません。

でも自分から、まあるい気持ちで接すると、相手のトゲもまた少しずつなくなっていくのです。

トゲをしまう、自分から心を開く、それには自分の感情を冷静にコントロールする力が必要になってきます。

「それがいちばん難しい」と思いますか？

たしかにそうですね。

自分自身を振り返ると、感情をコントロールする感覚は日々の踊りやお茶のお稽古のなかで磨かれたような気がいたします。

いかに緊張を抑えるか、心を集中させるか。そういう鍛錬が意外にも人と人とのコミュニケーションにもいきていくのです。

そんな私ですが、たまに落ち込むこともありました。

それは、お客様にうまく楽しんでいただけなかったとき。

なぜか呼吸が合わない日、人、というのはどんなに避けてもやってくるものです。

それはそれ。

一晩寝たら忘れるのも、大切なことです。

逆に、いやな気持ちを抑えて勤めたお座敷であっても、帰り際にひと言「楽しかったよ」と言っていただけると、許せてしまいます。

「いいお座敷だった」と思えて、いやな気持ちもどこかに行ってしまうのです。

これは不思議な感覚でした。

別れ際のひと言、これはささいなことと思われるかもしれませんが、その後の関係を築く大切な言葉です。自分から発する場合であっても、相手から発せられる場合であっても、心を開いた言葉は、必ずよい関係を作り上げてくれるのです。

空気を読む

忙しいときは一日五軒のお座敷をかけもちすることもありました。一軒目は二時間、二軒目は一時間、それからは三十分ごと……と見当をつけておいても、実際にはなかなか失礼するタイミングをつかめないもの。もちろん、こっそり出て行くわけにはいきません。きちんとご挨拶をして出て行くわけですから、それによってせっかく盛り上がった空気に水をさしてはいけません。

いかにも「時間制」というような薄情な風情に映ってもいけないのです。かといって、情を残すような感じにしては寂しい思いをさせてしまいます。場の空気をしらけさせず、そして失礼のないように座を去り、次のお座敷へ向かいます。

ようやく次のお座敷に到着しても、すでに場の空気が出来上がっているところに入っていくのもまたなかなかの難題。

お座敷の様子を襖の陰からうかがい、タイミングよく、場の空気に合わせた明るさで入っていきます。

入ってからも頭の片隅では、そのお座敷にいらっしゃるお客様とひと通りお話しできるように考えます。そして、失礼するまでの時間が逆算されていきます。

こういうことは教えられたからといって、すぐにできるものではありません。ひたすらお座敷の数を重ね、アンテナをはりめぐらせる訓練をします。見習いのときからいろんなお姐さんの姿を見て、あとはそのとき、その人を見て自分で学んでいくしかないものです。

大事なのは「時、場所、人を考慮して空気を読む」ということ。けれど、現在「空気が読めない」ことが「つまらない」とか「ニブイ」ということになっているのは、本来の意味からは少し遠ざかっているような気がします。

大事なのは、いかにその場にいる全員が楽しめる空気を作り上げ、それを保つか。

言葉だけでなく、その場の空気や気配のようなものもキャッチボールができるかどうか。

にぎやかなお座敷で、ひとり静かに飲みたそうなお客様がいらっしゃれば、そっと隣に座って静かにお相手をさせていただきます。

そこであまりにも〝二人の世界〟になってしまうと、その場の空気が乱れてしまうため、そうならないよう、適当なところでお姐さんが話しかけてきたり、こちらからも場の空気をつなぐよう計らいます。

そろそろ退席したそうな舞妓がいれば、それとなく退席しやすい雰囲気を作っていくのも空気を乱さないためには大切なことです。

どれも基にあるのは「和の心」、それぞれの「思いやりの精神」です。

「別に場の空気なんて読めなくてもいいじゃない。お笑い芸人になるわけじゃないし」

などと思っているとしたら大変な間違いです。

その場の空気が読めるということは、〝さりげない心遣い〟ができるということ。そういう女性こそが、真に素敵な女性といえるのではないでしょうか。

曖昧は日本人の知恵

「**おおきに**」という言葉はとても便利な言葉です。

そのまま「ありがとう」という意味でもありますし、気の乗らないお誘いを受けたときなども「おおきに……」といっておけば角も立ちません。

「それでは断った意味が伝わらないのでは？」とお思いになるかもしれませんが、これがきちんと伝わるから不思議です。

そういう曖昧な言葉の裏にある真意を感じ取る能力がとくに高いのが日本人。日本人ならではの感性といいましょうか。

ひと頃、日本人特有のこの曖昧さが批判された時期もありましたが、私はやはりこれも「和の心」だと思います。

逆に、安易な欧米化に走った結果、曖昧さを感じ取るその感性が磨かれづらい環境へと変化してきているようで、そのことのほうがよほど問題のような気がいたします。

❖**おおきに**
関西方面の言葉。大いに、たいへん、たいそう。ありがとうという意味でも多く使われる。断りの際にも「おおきに～（また考えとくわ）」などと使われるため、相手の様子・口調をよく観察して判断することが大切。

ビジネスの場面では曖昧はもちろんタブーでしょう。でも、何でも合理的に「白黒ハッキリ」一辺倒で進めるばかりでは、自分も相手も疲れてしまいます。

相手を追いつめない会話もときには必要。

誤解もあるかもしれませんので申し上げますが、日本人の曖昧さは、自分を守るためにいやなことを言わないで逃げようとするものではありません。「自分を守るため」でなく、「相手を思いやっての曖昧」なのです。そういう日本人の知恵を今一度、多くの方に見直していただきたいと思います。

相手を尊重する「和の心」でお座敷に出ていると、さまざまなことが見えてきます。

まず、そんな和の空気が乱れるのは、お客様自身に「自分を否定された」と感じさせてしまうとき。

どんな人でも「否定」というニュアンスには敏感です。言葉のなかになるべく「否定」を入れないのが、和の空気を保つコツ。

どうしても入れなくてはいけないときは、そのあとに「肯定」のフォローを入れるといいのだな、とあるとき気がつきました。

たとえば、飲みすぎのお客様をいさめるとき。

「今日は飲みすぎのようですけど、いつもはしっかりしてはりますものね。お疲れなのと違いますか？」

「飲みすぎです」とお銚子を取り上げようものなら、「うるさい！」とばかりに余計に飲みはじめるお客様も、こうこられては
「そうか？　ほんなら今日はやめとこか」

と素直に言うことを聞いてくれます。

曖昧な表現同様、「否定を用いない言葉」は相手を尊重し、その場の空気もなごやかにする日本人ならではの知恵。はっきり言わずとも相手にこちらの意志を伝える、日本人ならではの言葉のテクニックなのです。

控える心

舞妓になってしばらくすると、ことさらに自分をアピールしなくても、一生懸命話を聞いたり、その場の空気がなごやかになるように気を配っているだけで「お前はいい舞妓やな」と認めてくださる方が増えていくのがわかりました。

「ご贔屓になっていただこう！」とやたらに自分をアピールすることばかり考えていると、その場の空気が見えなくなってくるものです。

そうなると的外れなことを言ったりやったりしかねません。

一歩引いて、〝控えた心持ち〟でいると、客観的にその場の空気を読むことができます。

控えめだけれど、空気がちゃんと読めていて、求められれば、明るくきちんと応えられる。そういう芸舞妓は無理にアピールなどする必要がありません。いるだけで〝存在感〟があるのです。

それは一般社会でも同じことが言えるのではないでしょうか。

評価を得ようとすると、ついノルマや数字などのわかりやすい手柄を立てようとしてしまいがちですが、まずは一歩引いて全体の流れをきちんと把握する。上司や同僚の間をとりもち、周囲に和をもたらすということも、とても大事なこと。

そして実はそれこそが、女性ならではの能力であり、今の時代、真に求められているもののような気がするのです。

「備えあれば憂いなし」「降らずとも雨の用意」などといった心配り、一歩引いて控え、いざというときに強い力を発揮する縁の下の力持ち的な心配りは、男性よりもやはり女性ならではのもののように思うのです。

祇園の女性たちはみな、この「控える心」をもっているように思います。

「控えている」というと、暗がりからじっとりと「あなたのために……」と念を送っているようなイメージをもたれるかもしれませんが、そうではありません。自分のよさをよく理解し、相手の幸せのためにそれをどう役立てようか考えることなのです。

芸舞妓にとっていちばん大切なことは、お客様の楽しみのお手伝いをすることです。そして、お客様が喜んでくださることによって、自分がいちばん輝くことがわかっているのです。

人は自分のためでなく、自分以外のだれかのために自分をいかせたときに、いちばん輝くものです。

どんなに成功していても、私利私欲に走る者をだれも尊敬はしません。自分以外のだれかのために働けた者が「英雄」として輝くのです。

「英雄」とまではいかなくても、輝きがもたらされるのは日常生活でも同じこと。ひと昔前の日本女性はそのことがわかっていたような気がします。

一家の主婦として、いかにして家の中の空気をなごやかにするか。

お父さんの機嫌が悪そうだったら、先まわりしてそっと気をつかう。

そういう空気を子供も察して、父親の威厳が保たれる。

「こんなに一生懸命料理を作ったのに！」

「毎日、家事をするのは大変なのよ‼」

などと、家族に対して恩を売るようなことは決して言いませんでした。

重んじるのは家庭の「和」。そのために自分が果たすべき役割の大きさ、大切さがよくわかっていたのでしょう。それこそが本当の「自己実現」なのだと思います。

花柳界では家庭のある男性と恋愛関係になることもあります。そうすると「ここまでは出ていい」「ここから先はいけない」という線引きをきちんとして、相手との関係を続けることになります。

その男性にとっては奥様よりも安らげる存在であったり、心の支えになっていることも多いのですが、それでも分をわきまえ、一歩控えている。

そうしていると、「ここぞ」という出番がわかるようになるのです。お相手がもっとも自分を必要としているとき。そういうことを心得ているからこそ、お互いに信頼し合い、深く長いお付き合いができるのです。

恋人や夫婦の関係も同じではないでしょうか。相手のいいところも悪いところも見て、相手の足りないところは補う。相手のために自分をいかすのです。

その生き方に気づけたとき、家庭が、職場が、これまでとは違う世界に見えてくるのではないでしょうか。

この「相手のために自分をいかす」という生き方を祇園は私に教えてくれました。それは日本女性が本来もっていた考え方。そのなかに、日本女性としての美しさや幸せへの鍵があるように思えてなりません。

第四章

日本人らしく、美しく生きるために

日本人が大切にしてきたもの

海外留学をしていた日本の学生さんが、留学先の家で、ホストファミリーの方にゆかたの着付けをしていただいたという話を聞いたことがあります。ホストファミリーですから、もちろん着せてくれたのは外国人です。

それは極端な例としても、日本文化について外国人のほうが知識があり、「質問されても自国について何も答えられなかった」という話はよく耳にします。

「これは日本にとって、とてもよくないことだな」と感じたのが、『和学塾』を開くきっかけとなりました。

戦後の日本人は欧米、とくにアメリカにばかり目を向けていました。アメリカの豊かな暮らし、機械に囲まれた便利な暮らしに憧れるあまり、大事な母国・日本の伝統的な暮らし、文化がすっかり置き去りになってしまったのです。

い……。

日本の歴史を知らない、文化を知らない、着物が着られない、正座ができない……。

そんな危機的状況が続き、新世紀を迎えた今、ようやく「日本をもう一度見直そう」という流れが感じられるようになってきました。

とくに若者、女性だけでなく男性も茶道や華道などを習いだすなど、日本の伝統文化に高い関心を示す方が増えてきた。これはとても喜ばしいことであるとともに、とても自然なことなのではないかと思うのです。

母国の、世界に誇れる文化を知りたい、そのエッセンスに触れたいと思うのは、人間として当然のことではないでしょうか。

なかには、そういったお稽古事を「作法が厳しそうで……。覚えるのも難しい気がするのです」と尻込みされる方もいます。

そういう方には、ぜひ知っていただきたいのです。

「作法は押し付けられるものではない」

ということを。

そして、すでに作法を身に着けている方に知っていただきたいのは、

「相手に自分の作法を押し付けてはいけない」

ということ。

あなたが知っている作法は、あなたの周りの作法です。すべての人に当てはまるものではありません。作法を知っているからといって、「すべて自分が正しい」と思うのは誤った認識にほかならないのです。

作法とは相手を思いやる「心」を「形」にしたものです。

人に押し付ける作法は、心のないただの「形式」にすぎません。それでは意味がありません。

そうではなく、形式に「心」を入れるためには自分自身の鍛錬、「心」の成長が必要になってきます。

ただ、「心」はあるのに「形」を知らないため生きづらいことになってしまうという側面があるのは事実です。

「形」＝マナーを知っていれば、相手に合わせていかようにも対処できますが、知らなければ対処できない。対処できないことでせっかくもっている心さえも、相手に伝えることができないかもしれない。

さらには、「心」と「形」を兼ね備えていても、「言葉」が足りなければ、これもまた相手にはなかなかうまく伝わらないものです。

「心」、「形」、「言葉」。

この三つがそろい、調和がとれてこそ人として「美しい」のです。

その美しい状態を目指し、日々自分を高めていた人々……。日本人はそういう民族だと思うのです。

古来、日本人が大切にしてきた「人としての本当の美しさ」は、そのまま「よりよい生き方」を現代の私たちに示してくれているように思えてなりません。

それは「本物の美しさ」や「本物の幸せ」へのヒントになるもの。

そのうちのひとつ、「心」についてはこれまでに述べてまいりましたので、次からは「形」と「言葉」を中心に、私が日々『和学塾』でお伝えしていることをお話していきたいと思います。

「形」は人のためにある

「形」とは作法、立ち居振る舞いのことです。

作法がきちんと身についた立ち居振る舞い、または正式な作法を知らなくてもその場に即した心遣いが感じられる立ち居振る舞いは、人を美しく、品性高く見せます。

けれど、そう見られたいからという理由で、作法を学ぼうとしないでいただきたいのです。

そもそも作法は周りにいる人に不快感を与えないためのもの。「相手を思いやる心」が「形」になったものなのですから。

たとえば襖を開けるとき。

襖の前に正座をし、「失礼します」とまずはひと声。その後、三回に分けて少しずつ開けていきます。一回目、襖の手がかりに手をかけて開けるのはわずか10センチほど。

それは襖の向こうの相手に「入りますよ」という合図を送り、心の準備をさせるためといわれています。これは相手に対する思いやりの心です。

茶道の作法もすべては、お客様へのおもてなしの気持ちの表れです。畳の上をするようにして歩くのは、ほこりがたたないようにするための配慮。お客様は畳の上に座っていらっしゃるわけですから、床（畳）から顔までの距離が洋間にくらべ、格段に近いのです。

茶道や華道をはじめ、日本古来のすべての作法にはそういった理由があります。

動作のもつ意味に思いを馳せつつ、ひとつひとつの作法を学んでいただきたいと思います。

美しい姿勢の作り方

近年、品のない歩き方をする女性が目立つようになったといわれています。カンカン、バタバタといった耳障りな音を立てた歩き方、靴を引きずるようにした歩き方……。

どんなに着飾っていても、こんな歩き方をしていては台無しです。

どうして、そんな歩き方になるのかを見てみますと、まず姿勢が悪いことが挙げられます。

姿勢は美しさを決める大きな要素。

年齢がいったときには、若々しさにも大きく影響するものです。

今からきちんとした姿勢でいるのといないのとでは、十年後、二十年後……と差は開く一方。

せっかく作法を学んでも、姿勢がだらしなければ、そのままだらしない印象を与えてしまいます。ここで簡単な「美しい姿勢の作り方」をご紹介しましょう。

①まずは、力を入れず真っ直ぐに立ちます。全身が映る鏡があれば、ぜひその前で。自分では真っ直ぐ立っているつもりでも、左右の肩の高さが違ったり、後ろに重心が乗りすぎていたり、人それぞれに身体のクセというものがあるものです。

②立てたら、身体の前で両手を組み、思い切り上に伸びをします。「これ以上、伸びない」というところまで伸ばしたら、お腹の状態はそのままに保ち、手だけ左右にゆっくりと下ろしましょう。そのとき、脇の間に卵一個分くらいの空間を作り、やや脇を張るようにします。

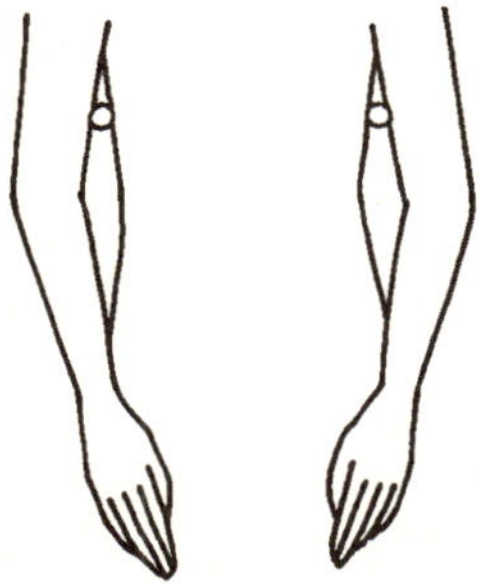

③次に頭です。背骨から頭の中心を通った糸が真っ直ぐ天へとつながり、ひっぱられているようなイメージで、頭を真っ直ぐに引き上げます。あごは引きすぎず、出し過ぎず、床と水平になるくらいがちょうどよいでしょう。

④両肩は一回上に上げ、後ろへストンと力を抜いて下ろします。もしかすると「肩をこんなに後ろにするの？」と思われるかもしれません。普段、私たちはどうしても肩が前に入りぎみ。身体の前で作業をすることが多いので、どうしてもそうなってしまいがちなのですね。けれど、左右の肩甲骨がやや中心に寄り、鎖骨を左右に真っ直ぐ伸ばした先に肩があるくらいが正しい姿勢なのです。

⑤ここでふーっと息を吐き、身体中から余計な力を抜きましょう。肩を下ろした分、首が長く美しく見えるのがわかりますか？

⑥足はかかとをそろえ、つまさきもそろえるようにします。そのまま真っ直ぐに膝を伸ばし、両膝が軽く触れる程度にそろえましょう。このとき、足の裏を意識してみましょう。重心はどこにありますか？　できれば、両方の足の裏の前方、やや内側に重心を集めるようにして立ってみてください。

現代の日本女性の多くは、この重心が外側に流れがちといわれています。それにより骨盤が開いてしまうなど、さまざまなゆがみが生じることになってしまうのです。

昔の日本女性は和装で下着をつけていなかったこともあり、つねに内股に力が入っている状態だったようです。ある医療機関の報告でも、和装で過ごすことが多かった戦前生まれの女性と、戦後に生まれ、今の私たちとほぼ同様な服装で過ごした女性を比較した場合、尿もれに悩んでいる人は圧倒的に戦後生まれの女性に多いといいます。

母国の文化から離れてしまった結果、意外なところに弊害が出てしまった一例といえるかもしれません。

まずは美しい姿勢を意識して立つこと、これが美しさの第一歩です。

さまざまなシーンでの「所作」

和装から洋装が主流になってしまったのには、洋装のほうが「動きやすいから」という理由が大きいでしょう。

けれど和装は動きにくい分、自然に仕草や立ち居振る舞いまでもが優雅に美しくなるものです。

帯で胴まわりを締められているため、背中を丸めたりもできず、姿勢もしゃんと美しくなります。

こうした姿勢、動作を覚えておき、洋装のときも自然にできるようになれば、上品で美しい印象を与えることはいうまでもありません。

たとえば物を拾うとき。洋装のときのように手だけ伸ばして拾うような、頭を下にするような動作は和装のときはできません。

きちんと腰を落として拾うことになります。

正しくは、落ちた物の横に立ち、すっと腰を落として拾います。このとき上半身は真っ直ぐなまま、肩を少し落とすようにすると、とてもていねいで美しい動きになります。

また車に乗るときは、まず車に対し後ろを向き、座席に軽く腰かけます。そこから九十度、腰を回すようにして、足をそろえたまま車内にしまいこみます。車を降りるときも同様。

まずは、腰をくるりと九十度回し、体を外へ向けると同時に、両足をそろえて外に出します。地面に足が着いたところで静かに頭、腰の順番で外へ出ます。

この車の乗り降りは皇室の方々が素晴らしいお手本になると思います。テレビなどで目にすることがあれば、ぜひ注意して見てください。

和装のとき、帯に入れるなどしてつねに携帯しておきたいのが扇です。意外と知られていないのが、この扇の作法。

親指側を相手に見せてあおいではいませんか？　それは男性の作法です。女性は親指は手前に、逆側の四本指は相手に見せて、あおぐのが正解。もちろん四本の指はきちんとそろえて。

扇はご挨拶するときに前に置くため、洋装のときも改まった場では携帯しておきたいものです。

ご挨拶のときに前に置くのはもともと武士の刀の代わり。「あなたに敵意がありません」という意思表示だったといわれています。

それ以外にもあおいだり、物を受け渡しするときに上に乗せて渡したり、さまざまな用途に使えます。

絵柄もさまざま。季節に合わせて持ち替えるのも秘かな洒落心につながり、楽しいのではないでしょうか。

指先にまで神経を

指先は実は意外なほど見られているもの。

そして、自分が思っている以上に相手に何かを印象づけることができる、ものを語ることができるパーツです。

基本的に、指先はつねにそろえておきたいもの。

中指に人差し指と薬指を添わせ、その三本の指をつけたところにさらに親指と小指を添えるように、少しふくらみを持たせた形にするのがよいでしょう。物を取るときはとくに、できるだけ指と指がはなれないよう、美しい形を保つように意識すること。驚くほど優雅な印象になります。

洋装のときはついついなおざりにしがちな指先も、和装のときは自然と意識がいくものです。

着物のとき、人から見えている肌の部分は「顔」と「首」、「手」のみ。そして自分の目に入るのは手先しかないわけです。そこに意識がいくのは自然なことかもしれません。

もちろん洋装の場合でも、指先にまで神経を行き渡らせ、ドアの開け閉めや物の扱いなどにも心を配りたいものです。

日常での動作の音が大きい人は、最後まで手を添えていない、神経を行き渡らせていない、という場合が多いようです。

ドアを開け閉めするときは、途中で手を放さず、最後まで静かに閉める、また物を机に置くときには、両手を添えて、静かに置くようにしましょう。どちらも途中で手を放してしまうと、「バタン！」「ドサ！」といった音がしてがさつな印象を与えてしまいます。

最後まで指先に神経を行き渡らせ、こうした音にも注意を払うことで、仕草も自然とゆったりとし、丁寧な印象になるのです。

美しい指先のためには、ハンドクリームなどで小まめに手入れをすることも大事なことです。最近はネイルアートなども盛んですから、わざわざ申し上げることではないかもしれませんが……。

ただ、意外にマニキュアがはげかけている人を街中で見かけることが多いのです。はがれかけたマニキュアはだらしないばかりか、不潔な印象まで与えてしまうもの。これは十分に注意していただきたいと思います。

最後に、手先がなめらかに美しく動くようになるエクササイズをご紹介しましょう。

お風呂に入ったとき、ひじまではできるだけ身体に近付け、お湯の中で両手を前後にゆっくり動かします。お湯を押すように、水圧をしっかりと感じながら動かしてください。

思うようには動かず、ゆったりとした動きになるはずです。とくに指先を優しく、なめらかに動かす練習をしてみてください。

日常の動きが少しずつ変わってくるはずですよ。

日舞の効果

和事のお稽古をされている方は、日常の何気ない仕草でもほかの人とどこか違い、美しい印象を受けることが多い気がします。

なかでも感じるのは、日舞をされている方でしょうか。姿勢の美しさ、指先にまで神経の行き届いた優雅な手の動き、ほどよく温かな目線……。そういうものを感じることが多いのです。

日舞はつねに中腰で、腰の安定を保ちながら足を運びます。

腰はその字が表すごとく、身体の要。そこがしっかりと安定しているので、自然に姿勢は美しいものになります。

前項でご紹介した「手がなめらかに動くようになるエクササイズ」。これは日舞の師匠が私に教えてくださったもの。

日舞ではなめらかに美しく動くことはもちろん、さまざまな感情、情景を、手先をはじめ、身体全体で慎重に表現することを求められます。

たとえば、遠くにいる人を手招きするとき、近くにいる人を手招きするとき。手先の動かし方ひとつで両者を演じ分けなくてはいけません。

その訓練を重ねた結果、日常生活においても感情表現が豊かな、美しい手先になるように思います。


また、舞台に立つと、目の力の大切さがわかります。

白塗りで表情が伝わりにくいため、目の力がないと顔までぼやけてしまうのです。


舞台では、まばたきなども極力しないよう、訓練されていきます。

また、目線がゆらゆらと定まらないのもよくないとされ、目線を移すときも、すっと移動するように、これも訓練されました。

実際やってみるとわかりますが、目線を動かそうとすると、顔までそちらの方向に動いてしまいます。目線だけ動かすのはなかなか難しいものです。こうした訓練から、目が持つ力強さ、相手に意志を伝えるパワーのようなものが身についていくのでしょう。

普段の生活でも、上品で美しい印象を作り出すポイントは、目もと、口もとです。ここに意識がいっていないと、どこか「不機嫌」、また「疲れたような」、といった印象を与えてしまいます。「気の抜けた表情」というものも、周りから見てわかるものです。

だれがどこで、どの角度から自分を見ているかわかりません。家の中までとは言いませんが、せめて外に出たとき、人に会うときは、「見られている」という意識をつねにもっていただけたらと思います。

楽しいシーンでは楽しく笑い、興味のある話には目を輝かせて聞き入るなど、表情豊かな人は周りの人を幸せにします。そして、「素敵な生き方をしている人」「ぜひまた会いたい人」といった印象をもってもらえるのです。

お稽古事に限らず、意識して身につけたことはひとつ残らず、その人自身にしみこんでいくもの。

「お茶の作法を習っても、家でお茶を点てるわけじゃないし……」と、実際の生活と分けて考えてしまう方も多いようですが、そうではないのです。

どちらの場にいるのも、あなた自身であることに変わりはないのですから。

習えば習っただけ、真剣に向き合えばそれだけのものがすべて自分の中にいきていくのです。

第四章　日本人らしく、美しく生きるために

日本女性ならではの言葉

現在の日本語は、日本古来の大和民族が話していた「**大和《やまと》言葉**」、六、七世紀頃に中国から取り入れられた「漢語」、また十六世紀には南蛮貿易がはじめられたことにより「ポルトガル語」、明治以降に日本に入ってきた「外来語」、以上のものが入り混じって構成されています。

そのなかでも日本女性として、ぜひ意識して使っていただきたいと思うのが「大和言葉」です。

同じ意味を表すのでも、漢語では硬い印象に、外来語では今風といいましょうか、スマートに響くのに対し、大和言葉はあたたかく優しい印象になります。

たとえば、漢語でいうところの「照明」は、外来語で言えば「ライト」、大和言葉で言えば「灯り」となります。

ほかにも大和言葉の例をあげますと、

❖大和言葉
漢語、外来語に対していう日本語の種類のひとつ。大和言葉は、日本に大陸文化が伝来する以前に話されていた言葉、平安時代の上品な言葉というニュアンス。おもに、漢字の訓読みが大和言葉に対応する。

いざなう（大和言葉）→誘惑・勧誘（漢語）→Invite（外来語）
しずめる（大和言葉）→静止（漢語）→Stop（外来語）

などがあります。

どうでしょう？　大和言葉は優しく響きませんか？

もうひとつ、大和言葉の特長として「ものを限定しない」ことが挙げられます。

歩きにくそうにしているお客様に対して「おみ足は大丈夫ですか？」と尋ねたとします。

お客様は「ええ、先日けがをしましてね」と言うかもしれませんし、「ここの廊下はよくすべるね」と答えるかもしれません。

言葉を限定せずに聞いたから引き出せた答えです。お客様が「歩きにくい」と思っているのにも、さまざまな理由があることがここでわかるのです。

ほかにも、言葉を限定しないことで、相手の様子をうかがい知ることができる、という例をいくつかあげておきましょう。

お庭を眺めながらほめるときに「お庭の花がきれいに咲いてますね」と言ってみます。相手が、

「ええ。今年の菖蒲は見ごたえがありますね」

と答えた場合、

「この方は五月の花では藤やさつきよりも菖蒲に何かを感じるのだな……」

と考えられ、その言葉からその人の感性をうかがい、より深い話へ入っていくことができます。

または、晴れ晴れとしたような相手の表情を見て、「本日は晴れやかな気分ですね」と言ってみます。

「天気がいいと気分もいいね」

「ここのところの問題がようやく解決して落ち着きました」

天気のせいなのか、問題が解決したからなのか。なぜ今日は晴れやかなのか、その理由がわかります。

ほかにも、知人の家を訪問した際、案内された室内で「素敵な趣ですね」と言ったとします。

「そうでしょう。このソファーがとても好きなのよ」

「この色合いが落ち着くのよね」

はっきりどこと限定せずにほめることで、その人自身が気に入っている部分、趣向がうかがえます。


このように大和言葉はものを限定せず、相手に選択権をゆだねる、奥ゆかしい言葉といえます。

このことを考えるとき、古来日本人には「自分は一歩引き、相手を立てる精神」があったのではないかと思えてなりません。

大和言葉を知るとともに、その精神を日常の言葉づかいにいかしていただきたいと思います。

可能であればビジネスの場でも、企画書を「見てください」ではなく、「お目通しいただけますか？」と言ってみるとどうでしょう。

「見てください」が強制の意味を含むのに対し、「お目通しいただけますか？」

は強制のニュアンスがないうえ、相手を気分よく望みどおりの行動にうながすことができるように感じます。

もともと、ひらがなは平安時代に生み出された女性のための文字でした。漢字ばかりで書かれた手紙よりも、ひらがなのほうがやわらかくかわいらしい印象になります。

恋人にいい印象を与えたいという女心が生み出したのかしら、などと思うととてもほほえましい気持ちになります。

言葉もそれと同じ。やわらかな大和言葉、その精神から出てくる言葉は女性らしい優しい丸みをもった印象を相手に与えます。

「たおやか」「しらべ」「しなやか」「さわやか」「うるわしい」「たしなみ」「やるせない」など、女性らしい表現をぜひ日常でも取り入れてみていただきたいと思います。

丸みをもった言葉はそのまま、人間関係までも丸いものにしてくれるのではないでしょうか。

第四章　日本人らしく、美しく生きるために

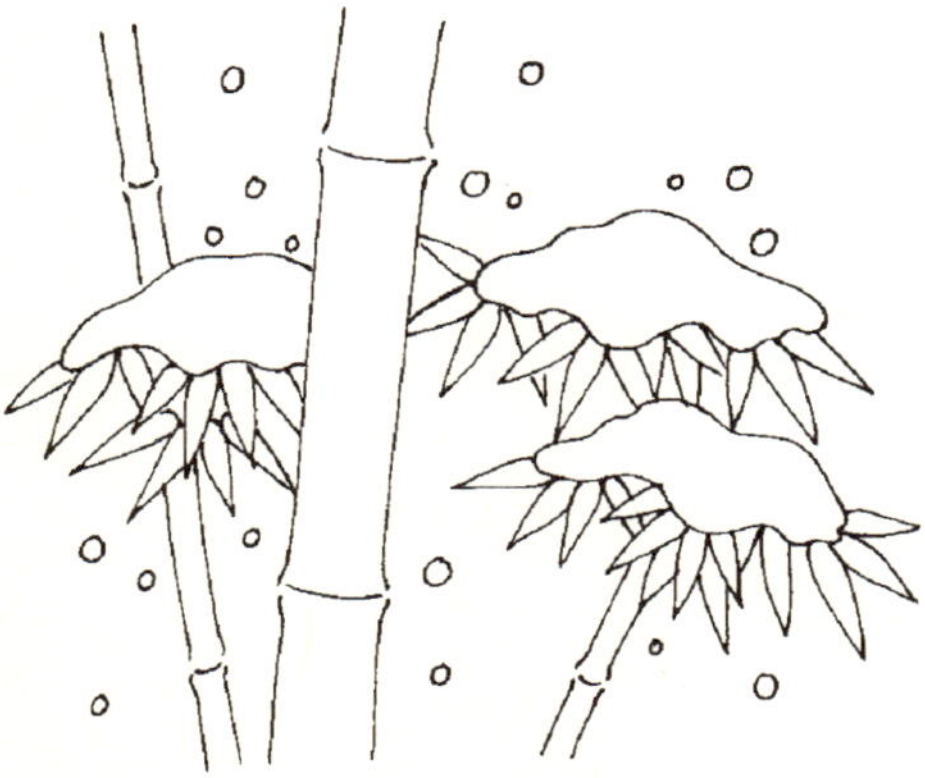

美しい余韻「残心」

数時間一緒に過ごして別れたあと、なぜだか美しい余韻が残る人というのがいます。

何が違うのだろうと考えたところ、そういう人は話の流れのなかで、次回につながるお話をされます。

食事をした店がおいしかったら「おいしいわね」と言うだけでなく、

「～にある〇〇というお店の～もおいしいのよ。今度はそこに行ってみましょうよ」

そして別れるときに

「じゃあ、次は〇〇のお店でね」

といったふうに。

または、

「今日は久しぶりにお会いできて、よかったわ。また会いましょうね」

など、次につながる言葉が最後にくるのです。

その「関係を断ち切らない」という思いやり、優しさが相手の心を安心感とともに満たし、美しい余韻につながるのではないかと思うのです。

そして挨拶が終わっても、すぐにきびすを返してしまうのではなく、数秒間をおいて、相手を見つめながら、「本当に今日はありがとう」などと、もう一度心を込めてお礼を言うのです。

このように、最後までしっかりと相手に心を伝える行為を「残心」と言います。この「数秒間を置く」というほんのわずかな行為が、別れ際の行動に深みをもたせるのです。

もちろん、ただ「数秒の間」をおけばよいというものではありません。

その数秒の間には、その日、楽しかったことへの感謝の気持ちや、次回また会えることへの期待などの思いを込めるのです。

別れたあとでも相手が見えなくなるまで静かに見送る行為、これも日本人ならではと言います。しばらく歩いて振り返ったときに、まだ相手が微笑んで見送っていてくれる、それはとてもうれしいことではないでしょうか。

そんな話をしたところ、『和学塾』に来られる生徒さんに変化が見られるようになりました。

帰り際、「失礼します」とひと言だけでなく、

「このようなお稽古は、はじめて経験いたしました。楽しかったです。次回もよろしくお願いいたします」

「これからの時期は寒いですから、先生もお身体に気をつけて。次回も楽しみにしております」など。

ちょっとしたことですが、玄関先で交わされるそういう言葉は、その場にほっこりとしたあたたかい空気をもたらします。

その日一緒に過ごした時間がさらにいい時間だったようにも思えてきます。

別れを単なる別れにしない。

次につながる言葉、相手を思いやる言葉を添えることで、相手にとっても自分にとってもよい空気を生み出すことができるのです。

言葉で遊ぶゆとり

これまでのような話をしていると、

「上品な言葉づかいしかしちゃいけないのかしら？　なんだか堅苦しいな」と思われてしまうでしょうか。

最初に申し上げた通り、大事なのは「相手を思いやる心」です。相手を見て、その場、そのときに即した言葉が使えればいいのです。

たとえば、流行り言葉。

決して美しい言葉とはいえませんが、仲間うちで使うと妙に笑いを誘ったり、場が盛り上がったりするものです。

流行り言葉はある意味、「世の中の新しい流れを意識しているからこそ出る言葉」と、とらえることもできます。

ファッションも、流行にまったく無頓着でいると、ひどく時代遅れな格好をすることになり、相手に対して失礼になる危険性があります。

言葉も同様。

その時代ならではのエッセンスを取り入れることも大切なことだと思います。

硬軟取り混ぜ、その場に即した言葉遊びのできる人の周りには、明るい輪が広がることでしょう。

ただ、流行り言葉が日常語になってしまうというのは問題です。

頭ではわかっていても、いざというとき大事な場面でアラが出てしまうようでは取り返しがつきません。

言葉に振り回されるのではなく、言葉を上手にコントロールすること。大切なのは精神的なそのゆとりです。

声と話し方

言葉に気を配るのはもちろんですが、それをいかすも殺すも「話し方」。だらだら同じ調子で話していては、相手に気持ちばかりか肝心の内容までも伝わりません。

文章でも句読点のないものは読みにくいし、結局何が言いたいのかわからないものです。

話すときも間や抑揚は大切です。

ワンセンテンス話したら、必ず一拍置くこと。それだけで相手に気持ちや内容が伝わりやすくなります。また、そこで相手の反応を見ることもでき、次に話すこと、その方法が変わってくるのです。

大事なことを伝えるとき、「わかってほしい」という気持ちが強いとき、人は矢継ぎ早に自分の言いたいことだけ話してしまいがち。

でも、大事なことを伝えるときほどとくに、一拍置く〝間〟を大事にしてほしいと思います。

また、相手が話しているときほど最後まで聞いてから自分の話をしましょう。相手の話をさえぎってしまうのはタブー。

関係が近くなれば近くなるほど、相手の話をさえぎってしまいがちです。

コミュニケーションにおいては話し方よりもこの聞き方が大事ともいえるのです。

祇園で学んだのも「人は話を聞いてもらいたがっているものだ」ということ。何も気のきいたことを言わずとも、一生懸命聞くだけで喜んでもらえたものです。

まずは、「聞き上手」な女性を目指してみてはいかがでしょうか。

聞くは「聴く」とも書きます。人とのコミュニケーションにおいては、「耳」を門の中に閉じ込めて聞くのではなく、外に出し、「十四の心」で「聴く」のです。

相手の言葉、心を聴いて、言葉を返す……。すべてがそこに集結してしまいますが、大事なのはその根底にあるもの、「思いやり」なのです。

相手が何を欲しているか、自分の話していることはつまらなくないか、相手の話をしっかり理解できているだろうか。

そういう気配りがあるかどうかが大切なのです。


そのうえで気にかけてみるとすれば、話をするときの「声」。

たとえば朝のニュース番組の女性アナウンサーは比較的高いトーンで元気に話すのに比べ、夜のニュース番組の女性アナウンサーはしっとりとした落ち着きのあるトーンで話していると思いませんか。


はっきりとメリハリのきいた声。

はつらつと明るい声。

静かで落ち着いた声。


話す相手の状況、時間帯、場所、内容などにより、声を使い分ける。

思いやりの心から、それができるようになれれば会話の上級者といえるでしょう。

私も日々、心がけていることです。

また、普段は言葉の語尾に気をつけて話すということはほとんどないかもしれませんが、この語尾をほんの少し意識するだけでも、印象は変わります。「お茶をどうぞ…」だけではなく「お茶をお召し上がりになってください」と言ってみると、どうでしょう。

丁寧で清潔感のある印象に聞こえませんか。このように、語尾を省略せずに最後までしっかりと伝えることは、言葉に清潔感を持たせるという意味でとても大切なことです。

声、語尾にも意識をすることで、言葉に女性らしさや品がそなわります。

贈り物上手な女性に

贈り物上手な女性は一目置かれるものです。

最近では、お中元・お歳暮の風習が消えつつありますが、感謝の気持ちを言葉だけでは伝えきれないとき、大切に思っている方にはやはり「何かを贈りたい……」と思うのではないでしょうか。

贈り物でも大事なのは、相手のことをどれくらい思っているかということ。あなたの「心」が伝わるものが、相手もうれしいはずです。

「旅先でこれを見たら、あなたを思い出してしまって」

「たしか前に『好きだ』って言っていたのを思い出して」

ほんの数百円のものでも、そんな言葉とともに渡されたら、うれしいはずです。

それはお相手が「旅先で自分のことを思い出してくれた」「ずいぶん前に話したことを覚えていてくれた」と思えるから。

贈り物上手に素敵な人が多いのは、相手のことを大事に思う、思いやる気持ちがあるからなのです。

お中元・お歳暮、または誕生日など、多数の贈り物が届くような方に贈る場合にはまたひと工夫が必要になってきます。

たとえば、〝お相手がいちばん好きなものは避ける〟。これは、きっと多くの人がそれを贈るだろうと思われるからです。いちばん好きなものに付随するもの。ワインがお好きなのであれば、ワインオープナーやデキャンタ、またはチーズなどを贈るのもいいかもしれません。多くの人から贈られてくるだろうワインをより一層楽しんでもらえるような品物を連想ゲームのように知恵をめぐらせて考えてみましょう。

その知恵のめぐらせ具合によって、こちらのセンスが問われるのが苦しいところではありますが、それがまた贈り物の楽しさでもあります。

贈り物は選ぶのにかけた時間だけ、より相手に対する愛情が育まれるものです。

手紙にも季節と女性らしさを

最近、手紙を書きましたか？

最近は、日常的にメールでのやりとりをするようになったため、手紙を書く機会はだいぶ減ってしまったのではないでしょうか。

メールはたしかに便利ですが、やはり心を伝えるのは「直筆の手紙」に勝るものはないように思います。

何でも合理化された現代だからこそ、直筆の手紙が相手に与える喜びのインパクト、その効果、威力が増しているともいえます。

上品なもの、愛らしいもの、さわやかなもの、文房具屋さんには季節や用途ごとに柄を変えたさまざまな便箋が売られています。

巻き紙風の手紙にしたり、便箋にお香をしみ込ませたしおりをそっとしのばせるのも素敵ですし、美しい切手を貼るのも楽しいものです。

こうしたものを選ぶ行程から、相手を思う気持ちははじまっているのです。

そして、選んだ便箋からはあなたらしさも伝えることもできます。ポストに自分宛の手紙が入っていたときの驚き。何が書かれているのだろうと思うドキドキ感。手紙を開いたときに感じるぬくもり。季節感や香りなど、さまざまなものが相手の五感を刺激し、あなたの気持ちを言葉以上に伝えることでしょう。

わざわざ手紙を出さなくても用が足りる現代です。50円、80円と代金をかけた分だけ、直筆の文字をしたためた分だけ、そこにはメールとは違う思いがあります。ぜひ手紙を活用していただきたいと思います。

おわりに

男女雇用機会均等法ができ、女性も男性と肩を並べて働ける時代になりました。学校を卒業したら結婚して専業主婦になるのが当たり前だった時代から、自由に自分の人生を選択できる時代になったのです。それ自体は喜ばしいことであり、女性の自由度は格段に上がったはずなのに、なぜでしょう？　現代の女性を見ていると、どこか息苦しさ、不自由さが増しているように思えます。


人よりいい仕事をしなければ……。

自分の価値を周りに見せつけなければ……。

外見的にも輝いていなければ……。


働いている方はそんな気持ちのなかでもがき苦しみ、専業主婦をしている方は自分だけが社会から取り残されているような焦燥感を抱いている。

私は家族のためだけに生きている。

もっと自分のために輝かなくてはダメなのでは……。

たしかにどちらも「自己実現」の過程といえます。自分が前面に出て評価されないと満たされない。でもその結果、自分や大切な人を苦しめることになっていることに気がついていないのです。果たして前面に出て評価されることが本当の幸せでしょうか……。一歩引いてもなお、存在感をしっかりと伝えられ、自分ばかりか周囲の人までも幸せにする生き方もあるのです。今こそ、そういった本来の「日本女性の生き方」に学ぶときではないでしょうか。

私が体験した京都での生活には、多くの日本人が忘れかけている伝統、日本女性としての美しい生き方など、多くの学びがありました。

そして、それらの中心にあるのは、日本人ならではの「和の心」。日本人として後世に残していきたいさまざまな感覚が失われつつある今だからこそ、あらためて「和の心」というものについて、そして「日本のよさ」について、考えてみてほしいのです。

本書でご紹介したことを参考にして、ぜひみなさんの生活に「和の心」をとりいれていっていただけたらと思います。

そのひとつとして、「一歩控え、相手を立てる」ことの大切さをお話しさせていただきましたが、決して自分を殺して、人のために耐え忍べと言っているのではありません。

自分のよさを知り、それを人のためにいかしていただきたいのです。そのとき、人はより美しく輝いていくのだと思います。

自分のよさは、日々自分自身によってしか作ることができません。人とのコミュニケーション、厳しいお稽古事からなど、さまざまな作り方があるでしょう。

さらに、自国の歴史や伝統文化に触れ、そのエッセンスを吸収することで、上っ面ではない、どんな時代や流行にも左右されることのない、しっかりと地に足についた「自分自身」に育っていくと思うのです。

そんなあなたは、どんなに美しく輝いていることでしょう。

「和の心」を大切に、自分のよさを伸ばし、美しく幸せに生きていく方が、ひとりでも多くこの日本にあふれることを願ってやみません。

中島よし惠

中島よしゑ

幼少のころより祖母のもとで日舞を学び、10歳で三越劇場にて、初舞台「祇園小唄」を舞う。和の学び、着物などに興味を持ったことが縁となり、京都・花柳界へ。18歳で祇園甲部の舞妓「真澄」として店出しし、21歳で芸妓に衿替え。12年間を京都で過ごす。花柳界を引退した後は、経験をいかし、社長秘書として企画などにも携わる。また飲食店の社員教育事業を行う。平成17年、有限会社「よしゑ和学」を設立。現在はサービス業への接客指導のほか、「和学塾」にて和の作法を指導。また、各方面で講演などを行っている。

よしゑ和学　http://www.wagaku.net/

和学塾　～美しい日本女性の生き方～

2007年4月25日　　初版第１刷発行

著者　中島よしゑ

編集スタッフ	勝見雅江
装幀	津嶋デザイン事務所　津嶋佐代子
表紙写真	スタジオ根岸　根岸亮輔
イラスト	吉野理恵
発行者	籠宮良治
発行所	太陽出版 〒113-0033　東京都文京区本郷4-1-14 電話　03-3814-0471 FAX　03-3814-2366 http://www.taiyoshuppan.net/
印刷	壮光舎印刷株式会社 株式会社ユニ・ポスト
製本	有限会社井上製本所
ISBN	978-4-88469-511-8